纪念抗日战争胜利七十五周年

抗战大迁徙实录丛书
编委会

主　任：潘　洵
副主任：刘东风　郭永新
顾　问：张　生　黄正林
编　委：（按姓氏笔画排序）
　　　　王兆辉　王勇安　刘志英　张　炜　张守广
　　　　高　佳　赵国壮　郭　川　唐润明
审　稿：方大卫

抗战大迁徙实录丛书

丛书主编 潘洵

工业重塑

赵国壮 张守广 编著

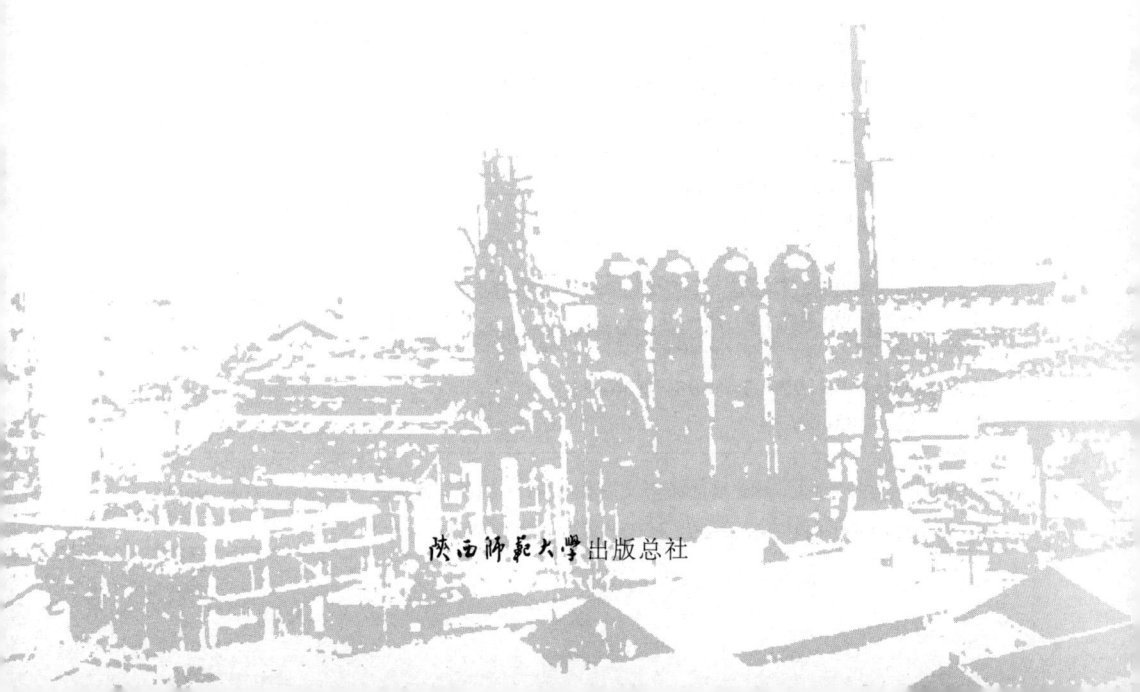

陕西师范大学出版总社

图书代号：SK20N0722

图书在版编目(CIP)数据

工业重塑 / 赵国壮，张守广编著. — 西安：陕西师范大学出版总社有限公司，2020.7
（抗战大迁徙实录丛书 / 潘洵主编）
ISBN 978-7-5695-0836-9

Ⅰ.①工… Ⅱ.①赵… ②张… Ⅲ.①工业史—史料—中国—近代 Ⅳ.①F429.05

中国版本图书馆CIP数据核字（2019）第100746号

工 业 重 塑
GONGYE CHONGSU

赵国壮　张守广　编著

选题策划	刘东风　张　炜　王勇安
执行编辑	郭永新　王西莹　胡　杨
责任编辑	王西莹
责任校对	王丽敏
封面设计	张潇伊
图表设计	荣智广告文化
出版发行	陕西师范大学出版总社
	（西安市长安南路199号　邮编710062）
网　　址	http://www.snupg.com
印　　刷	中煤地西安地图制印有限公司
开　　本	720mm×1020mm　1/16
印　　张	13.75
插　　页	2
字　　数	190千
版　　次	2020年7月第1版
印　　次	2020年7月第1次印刷
书　　号	ISBN 978-7-5695-0836-9
定　　价	78.00元

读者购书、书店添货或发现印装质量问题，请与本公司营销部联系、调换。
电话:(029) 85307864　85303629　传真:(029) 85303879

总序：气壮山河之大迁徙

潘 洵

抗日战争全面爆发前的中国，不仅经济、文化、教育、科技等十分落后，布局也极不合理，绝大多数现代工业、金融、文化、教育、科技等机构集中分布于东部沿海沿江地区。据国民政府实业部统计，战前工业主要分散在冀、鲁、苏、浙、闽五省及天津、威海、青岛、上海四市，尤其集中于长江三角洲地带的苏、浙、沪两省一市，广大中西部地区川、滇、黔、陕、甘、湘、桂七省共有工厂237家，占全国工厂总数的6.03%，稍具规模的工厂几乎没有。战前全国108所高等院校中大学42所、专科30所，大部分集中在中心城市及沿江沿海一带，其中上海与北平占1/3，而贵州、陕西则一所没有。一旦东部沿海沿江地区遭遇战争破坏，将会给中国经济、文化、教育等带来毁灭性的打击。

从1931年九一八事变，日军炮击沈阳北大营开始，到1945年抗日战争胜利，中国历经了一次史无前例的大迁徙。特别是在全面抗战爆发以后，为了躲避日寇的炮火，为了不当亡国奴，数以千万的社会精英和平民百姓扶老携幼、驮箱推车、风餐露宿，艰难地向大后方迁徙。而同时，在国民政府和社会各界的动员和组织下，各政府机关、厂矿企业、文化单位、科研机构、大中院校、金融机构等也艰难地向西迁移。抗战大迁徙，涉及地域之广、动员力量之大、跋涉路途之遥远、历经时间之长久、辗转周折之艰险、作用影响之巨大，在人类历史上实属罕见。

这场大迁徙始因于1931年日本军国主义对中国东北的侵略。东北大学成为日军侵略下第一所内迁的高等学府，在九一八事变爆发后被迫走上流亡之路，成为第一所流亡大学，揭开了抗战大迁徙的序幕，其先迁北平复课，后又迁开封、西安，最后南下四川三台继续办学。

1935年华北事变后，华北危在旦夕，华北之大，已放不下一张平静的书桌。北平的部分学校、科研及文化机构开始了国难迁徙。位于北平的中央地质调查所、故宫博物院、中央研究院历史语言研究所等陆续南迁南京、上海。

全面抗战爆发后，平津很快沦陷，淞沪会战打响，首都南京岌岌可危，政府西迁迫在眉睫。1937年10月29日，中国军队在淞沪战场上处于不利的形势，蒋介石在国防最高会议上发表《国府迁渝与抗战前途》的讲话，确定以四川为抗日战争的大后方，以重庆为国民政府的驻地。①11月16日晚，国防最高会议正式决定国民政府西迁重庆。国民政府主席林森即席辞别，于当晚乘军舰溯江而上，率领国民政府高级官员及随员800余人离开南京，首途重庆。11月20日，国民政府正式发表移驻重庆宣言："国民政府兹为适应战况，统筹全局，长期抗战起见，本日移驻重庆，此后将以更广大之规模，从事更持久之战斗。"同日，四川省政府主席刘湘电呈林森，表示"谨率七千万人，翘首欢迎"。12月1日，国民政府宣布在重庆简陋的新址正式办公。

国民政府的西迁，迅速带动中国沿海沿江和中部地区的工业、金融、文化、教育、科技等机构及民众的大规模内迁。"中华民族6000万儿女，政府官员、大学教授、工商老板、小工苦力，他们挈妇带女，扶老携幼，从海边走向大山，从莽莽林海前往黄土高原，从富饶的江南奔赴偏远的西南。他们不分老幼，不分男女，不分信仰，不分党派；为了生存，为了延续民族的血脉，为了抗击日本侵略者，走上艰苦卓绝的迁移之路。"②

为了保存中国经济命脉，支援抗日战争，上海及其他战区的民族企业家纷纷冒险犯难，将机器、设备和员工迁到武汉，继而又转移到西南内地。他

---

① 《国府迁渝与抗战前途》（1937年10月29日），见秦孝仪主编：《总统蒋公思想言论总集》第14卷，中国国民党中央委员会党史委员会1984年版，第655—657页。
② 苏智良、毛剑锋、蔡亮等编著：《去大后方：中国抗战内迁实录》，上海人民出版社2005年版，前言第1—2页。

们长途跋涉，历尽艰辛，迁往内地恢复生产，仅1938年至1940年，内迁工厂448家，有技工12,182人，内迁后复工的308家。[①]高校内迁也是抗战大迁徙的重要组成部分，从1937年到1944年，经历三次大规模的内迁：第一次是全面抗战开始到武汉、广州会战前，内迁高校达56所，占当时全国高校总数97所的57.73%；第二次是太平洋战争爆发后，内迁高校21所，占21.65%；第三次是1944年2月至12月豫湘桂大溃败时期，原迁在此的21所高校仓促再迁，损失极大。据统计：迁校4次以上的有19所，其中4次的有东吴大学、国立戏剧学校等8所；5次以上的有浙江大学、私立贤铭学院，其中浙江大学两年5次迁徙，途经浙、赣、湘、桂、黔五省，行程5000余里；6次的有河南大学等3所；7次以上的有中山大学、山西大学等5所；8次以上的有广东省文理学院。而迁校2—3次的占绝大多数。[②]抗战期间迁移高校总计106所，搬迁次数多达300余次。内迁重庆的科学研究学术单位、文化机构也很多，如国民政府国史馆，中央广播电台，兵工署导弹研究所，中央工业实验研究所，中央农业实验研究所，国立中央研究院动物研究所、植物研究所、物理研究所，中国地质调查所，永利化工研究所，中山文化教育馆，国立编译馆，国立礼乐馆，商务印书馆，正中书局，国立中央图书馆，中央电影制片厂等100多家单位。大量报社、出版社也纷纷迁渝，当时国民党的主要大报《中央日报》《扫荡报》《大公报》等，以及共产党的《新华日报》都在重庆印行。在战时四川的"文化四坝"中，重庆就占据了"文化三坝"（北碚夏坝、市区沙坪坝、江津白沙坝）。重庆出现文化机构云集、文人荟萃的局面，大大推动了重庆文化的繁荣。随着战争的持续，大量东部、中部地区的人口也纷纷内迁，据国民政府铁道部部长、交通部部长张公权先生估计"到1940年，沿海各省逃往大后方的人民，从一亿八千万增加到二亿三千万，以致全国人口总数之一半定居于中国后方"[③]。而据陈达统计，七七事变后短短数年中，全国城乡共有一千四百二十五万人迁往后方。[④]陈彩

[①] 国民政府经济部：《经济统计月报》1940年第4期。
[②] 季啸风主编：《中国高等学校变迁》，华东师范大学出版社1992年版。
[③] 张公权：《中国通货膨胀的历史背景和综合分析》，见中国人民政治协商会议全国委员会文史资料研究委员会编：《工商经济史料丛刊》第1辑，文史资料出版社1983年版，第147页。
[④] 陈达：《现代中国人口》，天津人民出版社1981年版，第93页。

章认为大后方除有组织的迁移人口外,仅难民就收容了一千余万人。①而陆仰渊认为迁移人口多达五千万。②

太平洋战争爆发后,美国好莱坞著名导演弗兰克·卡普拉根据美国国防部参谋长马歇尔元帅的要求,制作完成了反映第二次世界大战真相的系列纪录片Why We Fight(《我们为何而战》),其中的第六集是1944年制作上演的The Battle of China(《中国战事》)。该纪录片以相当长的篇幅记述了抗战期间中国大迁徙的景况:

> 三千万人被本能驱赶着向西移动,路上崎岖难行,他们没有铁路快车可搭,在二千英里没有道路的荒地中往西移动,全世界目睹人类史上最不可思议的景象之一,史上最大的迁徙。任何可以使用和搬动的东西都被中国人带上路,他们的图书馆,他们的学校,他们的医院,全都被拆下来带走。一千多家工厂的机器,重达三亿多磅,被用卡车运走,用牛车运走,以及扛在背上带走。二千多英里的路程,向西二千多英里,只要可以,他们就聚集在仅存的少数几条铁路旁,等待着,希望在前往西方的目的地时,火车能多少载他们一程,当最后的一部火车载满人和机器后,铁轨也被拔起,一个横轨接着一个横轨,一块枕木接着一块枕木,都将运往西方,不留下任何东西给敌人。每一条往西的河都载满船只,每个舢板、每个驳船,都行在水面上,运送新中国所需的工具到河岸。什么也阻挡不了他们,即使是山谷里的狭窄河流也一样,运送比生命重要的机器往西行。旅程是以英里计,以英尺计,以英寸计,流着汗水一步步披荆斩棘,没有火车、没有船、没有牛车的地方,还是有自动帮忙的勤劳人手,三千万人往西迁移,往西离开侵略者,往西离开奴役与死亡,往西寻找自由。

中国铅笔工业奠基人,有"铅笔大王"之称的企业家吴羹梅曾回忆抗战内

---

① 陈彩章:《中国历代人口变迁之研究》,上海书店出版社1946年版,第112页。
② 陆仰渊、方庆秋主编:《民国社会经济史》,中国经济出版社1991年版,第636页。

迁经历："那是1937年8月，我在上海经营的中国标准铅笔厂为了救亡图存，加入了内迁的行列。由于上海江运已被日寇封锁，大轮船不能通过，同时火车又多被军队征用，陆路运输也不可能，因而只好出重价雇用木船，由小火轮拖到镇江，再以江轮转驶武汉。我与全体职工在敌机轰炸、炮火连天的危险时刻，争分夺秒，随拆随运。我们将拆下的机件，装上木船，在船外以树枝茅草伪饰，掩蔽船内物资。各船沿苏州河前行，途中遇到敌机空袭，就停避在芦苇丛中，空袭过去，再继续前进，终于经镇江运达武汉。次年三四月间，武汉吃紧，再迁宜昌。后因宜昌势难久留，又不得不溯江西上。宜昌以上川江，滩多水浅，只有木船可用。其时搁在武昌待运的物资堆积如山，运输大成问题。我们与工矿调整委员会武汉办事处负责人林继庸、李景潞多次商谈，承协助租到白木船几百只，始得成行。由宜昌至重庆水路全线1300哩，沿线有险滩75处，水流甚急，须由纤夫在岸上拉纤前行，速度很慢。过滩时，因水位不平，船头被纤拉住，往上倾斜，极为危险。如逢小轮急驶而过，激起高浪，最易倾覆沉没。我厂所租的白木船被浪涌入，有两只倾覆，物资落江，损失不小。我们就这样辗转设法把工厂的设备和物资，迁到了抗战后方的重庆。"[1]

抗战大迁徙是一曲撼人心弦的悲歌。由于国民政府对日本侵略的严重性、紧迫性认识严重不足，直到抗战全面爆发，日寇占领平津，上海即将沦陷，决定迁都重庆前不久，国民政府才匆忙部署政府机关和工矿企业的西迁事宜，造成了很大的被动。而对大中院校、文化单位、科研机构等的迁徙，更是缺乏统筹计划和组织，大多只能各自为政。且由于时间仓促，有的直接毁于战火，有的未来得及搬迁便沦于敌手，有的搬迁计划多次变更，搬了又迁，费尽周折。当时交通极不发达，公路铁路很少，西迁主要靠长江水道，运输能力严重不足。迁徙之路还不时面临日军的狂轰滥炸。更多的人只能靠双脚行走，肩挑背驮，颠沛流离，风餐露宿，艰难西行。

抗战大迁徙是一曲气壮山河的壮歌。对于大规模的工厂、机构的搬迁，即使在和平时期也是一项复杂的工程。但广大内迁员工同仇敌忾，满腔热情

---

[1] 孙果达：《民族工业大迁徙——抗日战争时期民营工厂的内迁》，中国文史出版社1991年版，序言第1页。

地投入搬迁，废寝忘食，夜以继日地拆卸、包装、装车、装船、造册，无论是机器设备，还是实验器材，无论是桌椅板凳，还是文物图书，都尽一切可能搬运到大后方。无论在迁徙途中，还是在大后方重建，完全陌生的环境，持续不断的无差别轰炸，无休无止的通货膨胀，"衣"的简朴、"食"的匮乏、"行"的艰难、"住"的简陋、"活"的困苦，都没有动摇他们一路向西的意志和抗战救国的信念。

抗战大迁徙是一曲可歌可泣的赞歌。抗战的西迁，粉碎了日军威迫中国首都、要挟国民政府妥协投降的企图，特别是国民政府移驻重庆，"一则防为城下之盟，一则更坚定抗战之决心，俾便从容为广大规模之筹计，使前方将士、后方民众感知政府无苟安求和之意念，愈加奋励"。抗战大迁徙，建立了一个长期抗战的战略后方基地，对支撑长期抗战，争取抗战最后胜利奠定了坚实的基础。"播迁想见艰难甚，辛苦谁争贡献多，宝气精心应不灭，从头收拾旧山河。"①抗战大迁徙，也给中国西部经济、文化、科技的发展创造了一个特殊的、前所未有的机遇。不仅为国民政府正面战场的抗战提供了物质基础，也在一定程度上调整了全国经济、文化、科技布局不均的状况，带动了西部地区经济、文化和社会事业的发展，极大地促进了西部地区的现代化发展。

抗战大迁徙，实现了抗击日军侵略的重大战略转移，奠定了中华民族持久抗战的坚强基石，是一部民族解放战争史上气壮山河的壮丽史诗。

为了再现抗战大迁徙波澜壮阔的历史画卷，弘扬伟大的抗战精神，陕西师范大学出版总社与西南大学中国抗战大后方研究中心共同策划推出"抗战大迁徙实录丛书"。该丛书包括《国府西迁》《文化存续》《金融对垒》《守望科学》《烽火兵工》《工业重塑》等六卷，由长期从事中国抗战大后方历史研究的学者编著。经过多年的不懈努力，力图以学术的视野，故事化的文字，并辅之以生动的图片，全景式呈现抗战大迁徙中那些颠沛流离的生活、悲欢离合的故事、可歌可泣的事迹和不屈不挠的抗争，给广大读者提供一套兼具思想性和可读性的学术读物。

---

① 黄炎培为迁川工厂出口展览会的题词，1942年2月。

引 言

1937年7月，全面抗日战争爆发后，国民政府、沿海地区工矿企业、文教科研机构以及成千上万的难民向西迁徙三千里。这是我国历史上继晋人、宋人、明人三次南渡后的第四次大迁徙，也是我国波澜壮阔的民族大迁徙历史的重要组成部分。海内外学者如周锡瑞、李浩天在其主编的《1943：中国在十字路口》（社会科学文献出版社2016年版）中指出，这是"人类历史上最大规模的迁移行动之一"。现存的各类档案、整理的文献汇编、当事人及其后人的回忆及追忆、展播的影视剧作品，以及国内外史学界的历史书写，一切的一切，均在不同程度上还原着、解读着这次民族大迁徙的历史面相，重塑后世子孙对这段民族大迁徙的历史记忆。

工业内迁与内迁工业在这次大迁徙运动中扮演了重要角色，它们起步最早、涉及面最广，在后方社会经济中发挥了重要作用。全面抗日战争爆发后，沿海地区的一批批爱国爱家的企业家，为了持久抗战，为了行业发展，也为了他们心中自强不息的实业梦，毅然西迁。西迁难，复产难，千难万难，他们却始终未曾倒下，也未曾放弃。一个个生动鲜活的人物故事，一家家响当当的企业的迁移、复产历程，绘制出一幅五彩斑斓的抗战时期工业大西迁画卷。

早在抗战时期，一些工业西迁运动的经历人及时下的经济学家不仅记述了这次工业内迁的经过，也分析了这一事件的历史影响。如沈雷春与陈禾章主编的《中国战时经济志》（世界书局1941年版）、林继庸著的《民营厂矿内迁纪略》（新新出版社1942年版）、傅润华与汤约生主编的《陪都工商年鉴》（文信书局1945年版）、中国工程师学会编的《中国工程师学会三十周年纪念册·三十年来之中国工程》（京华印书馆1946年版）、徐盈著的《当代中国实业人物志》（中华书局1948年版）、谭熙鸿主编的《十年来之中国经济》（中华书局1948年版），以及翁文灏、李紫翔等人的大量相关论述等。这些论述和资料，为我们重新认识这一历史进程和深入研究抗战大后方工业提供了重要的历史依据。20世纪80年代以来，厂矿内迁再次受到学术界广泛关注，产生了一大批颇具分量的论著，其中具有代表性的通论性论著有许涤新与吴承明主编的《中国资本主义发展史　第三卷　新民主主义革命时期的中国资本主义》（人民出版社2005年版）、黄逸峰等著的《旧中国民族资产阶级》（江苏古籍出版社1990年版）、吴承明与江泰新主编的《中国企业史·近代卷》（企业管理出版社2004年版）、虞和平主编的《中国现代化历程》（江苏人民出版社2005年版）、史全主编的《中华民国经济史》（江苏人民出版社1989年版）、朱英与石柏林著的《近代中国经济政策演变史稿》（湖北人民出版社1998年版）、虞宝棠著的《国民政府与民国经济》（华东师范大学出版社1998年版）、戴鞍钢著的《发展与落差：近代中国东西部经济发展进程比较研究》（复旦大学出版社2006年版）、周天豹与凌承学主编的《抗日战争时期西南经济发展概述》（西南师范大学出版社1988年版）、抗日战争时期国民政府财政经济战略措施研究课题组编写的《抗日战争时期国民政府财政经济战略措施研究》（西南财经大学出版社1988年版）、李学通编的《抗日战争》第5卷《国民政府与大后方经济》（四川大学出版社1997年版）、重庆市档案馆编的《抗日战争时期国民政府经济法规》（档案出版社1992年版）、中国人民抗日战争纪念馆与重庆市档案馆编的《迁都重庆的国民政府》（北京出版社1994年版）、唐润明主编的《抗战时期大后方经济开发文献资料选编》（重庆出版社2012年版）等。

作为管理、经营国营工业的主要机构，资源委员会在抗战时期后方工业中具有举足轻重的地位和作用，近年来与其相关的资料和学术著作相继问世。其中较为典型的有全国政协文史资料研究委员会工商经济组编的《回忆国民党政府资源委员会》（中国文史出版社1988年版）、郑友揆等著的《旧中国的资源委员会——史实与评价》（上海社会科学院出版社1991年版）、薛毅著的《国民政府资源委员会研究》（社会科学文献出版社2005年版）等。1992年档案出版社还影印出版了《资源委员会公报》全套（16卷）。《回忆国民党政府资源委员会》一书收录了钱昌照、孙越崎、吴兆洪、恽震、陈中熙等原资源委员会管理、技术人员的回忆文章，有比较高的资料价值。2017年1月，陈谦平推出了两卷本的《翁文灏与抗战档案史料汇编》（社会科学文献出版社2017年版）。该汇编资料几乎全部来自台北"国史馆"所藏的国民政府档案，收录的主要是1937年以后翁文灏同蒋介石来往电文，包括签呈、电报等重要档案。这些档案文件一方面显示了翁文灏为战时经济、外贸与财政金融殚精竭虑，做出重大贡献，另一方面也体现了蒋介石在抗战时期对翁文灏的信任和支持。

　　战时，后方民营工业的地位同样颇为显著，近年来学界又推出了一批研究该问题的论著，具有代表性的有孙果达所著的《民族工业大迁徙——抗日战争时期民营工厂的内迁》（中国文史出版社1991年版），该书根据档案、期刊、报纸以及对相关民营工商业者的访问调查，第一次系统地考察了抗战时期包括上海民营厂矿在内的民营厂矿内迁的问题，不仅对一些著名的工厂做了专门的叙述，而且对四川、湘桂、陕黔滇等区域分别进行考察，并制作了详细的表格，使人们对民营内迁厂矿的概况一目了然。苏智良等编著的《去大后方——中国抗战内迁实录》（上海人民出版社2005年版），以通俗的文字比较全面地考察了抗战时期国民政府、民族工业、交通、高校、难民、文化的内迁，而民族工业的内迁又以上海大鑫钢铁厂、大中华橡胶厂、"天"字号化工企业、刘鸿生企业、永久黄企业、荣家企业等著名企业为主。张守广所著的《筚路蓝缕——抗战时期厂矿企业大迁移》（商务印书馆2015年版）一书，以抗战时期厂矿内迁以及内迁厂矿的重建、发展、复员为轴心，围绕抗战、中国早期现代工业化、重工业与轻工业、国家资本与私营资本等基本问题展开论述，核心观点是：抗战时期是中国早期现代工业发展史上的一个重要历史时期，颇有声势的厂矿内迁真正启动了地域广大的后方地区的工业化进程，厂矿内迁和内迁厂矿的重建、发展和就地复员，至少初步解决了西南、西北，尤其是西南地区现代工业"有无"的问题。

在相当长的历史时期内，高耸的烟囱是工厂存在的标志，也是工业化有所进展的外在表现。中国的西南、西北几乎没有烟囱，全面抗日战争爆发后，沿海工矿企业大规模西迁，与此同时，在战时物资需求的刺激及内迁工矿企业的带动下，西部地区工矿企业日渐勃兴，一时间，冒着烟的烟囱像雨后春笋一般迅速竖立起来。

伴随着一座座高耸的烟囱而起的是一个个企业家，他们汇集起来，迅速形成了后方企业家群体。这是一个特殊的群体，以工业企业家、银行家为主体和核心，以中国西南实业协会、迁川工厂联合会、重庆中国国货商联合会、中国战时生产促进会、中国全国工业协会等机构为活动平台，十分活跃，不仅在实业界扮演重要角色，而且具有广泛的社会影响力。他们因地缘、业缘抑或政商关系，可分为川帮企业家（其中也有一些亦官亦商的）、红顶商人（亦官亦商）、内迁企业家。川帮企业家，最具代表性的有卢作孚、刘航琛、吴晋航、康心如、康心之、范崇实、潘昌猷、宁芷邨、胡子昂、古耕虞、苏汰余等人。其中，尤以卢作孚及民生实业股份有限公司协助内迁最为突出，以范崇实及四川丝业股份有限公司复兴后方蚕丝事业贡献最大。红顶商人有翁文灏、张群、张公权、钱新之、缪云台、何辑五等人，其中，以翁文灏及其所主事的资源委员会最为突出，他们推动工业内迁、开发大后方资源，树立起了战时中国的工业建国梦。内迁企业家的杰出代表人物有胡厥文、章乃器、吴羹梅、庄茂如、马冠雄、吴蕴初、颜耀秋、周仲宣、林继庸、余名钰、胡西园、庞赞臣、林美衍、李奎安等人，其中，有能战胜重重困难的范旭东及其久大集团，也有较为成功的胡西园及其光电源事业。范旭东的久大集团在制盐、制碱技术上全国领先、国际一流，但是在如何将先进的科技植入西部地区，进而筹建华西化工基地上却困难重重，久大自贡模范制盐厂不得已制定了"保本待迁"权宜之策。西迁后，胡西园不仅重启了亚浦耳电器厂的灯泡制造事业，而且因地制宜，开拓业务，创立了新亚热水瓶厂、开远松香厂等八个工厂，成功在西南地区扎下深根。"选精""集粹"①的例证研究方法是一把双刃剑，在不具备通盘梳理每个企业家、每个内迁工矿企业的迁徙、复产过程的条件下，本书稿暂时选择其中最具代表性的人物及企业，如卢作孚及民生实业股份有限公司、翁文灏及资源委员会所属企业、范旭东及久大集团、胡西园及亚浦耳电器厂等，借用叙事史学研究手法，描绘其在战时的"重重磨难"及"功勋事业"，借此管窥波澜壮阔的工业大西迁历史。这似乎也不失为一种捷径。但是，以偏概全、一叶障目的情形在所难免，对此，我们有清醒的认知，我们一方面努力扩大梳理范围，另一方面也期待借此抛砖引玉，吸引学界及社会的各种力量从事研究大迁徙的工作。

---

① 李伯重：《"选精""集粹"与"宋代江南农业革命"：对传统经济史研究方法的检讨》，载《中国社会科学》2000年第1期。

目 录

第一章 烟囱当比高粱高 / 1

战前畸形的工业布局 / 3
持久抗战对厚植经济力的诉求 / 6
四川——民族抗战的根据地 / 10
战时工业内迁运动 / 12
战时后方工业的新时代 / 17

第二章 卢作孚追求的新世界 / 25

抗战首功——宜昌大撤退 / 27
一代船王：航运实业家 / 33
理想主义的实干家：北碚的新世界 / 38
卢作孚追求的现代化 / 44

第三章 翁文灏的工业建国梦 / 53

地质学家翁文灏 / 55
"书生从政"："好人政府"的理想与实践 / 64
内迁风云：资源委员会企业的内迁 / 73
大后方工矿业的典范：资委会企业的重建、扩建 / 91

第四章　范旭东的华西化工基地 / 101

  崛起于津沽，盛名于"永久黄" / 103
  西迁自贡，构筑华西化工中心 / 110
  依托大后方，创制"侯氏碱法" / 122

第五章　胡西园的电光源事业 / 135

  胡西园——"中国的爱迪生" / 137
  九十二天迁徙路 / 141
  立足重庆，扎根西南 / 144
  为《工业会法》颁布的鼓与呼 / 155

第六章　范崇实与后方蚕丝事业 / 159

  从战时空军降落伞说起 / 161
  "丝路历程"：江浙蚕丝业力量西迁 / 166
  后方蚕丝业托拉斯公司 / 174
  "一生辛苦皆为茧，满腹经纶尽是丝" / 184

第七章　战后的中国西部工业 / 193

  战后内迁工厂的困境 / 195
  中国西部工业化的起步 / 199

后记 / 201

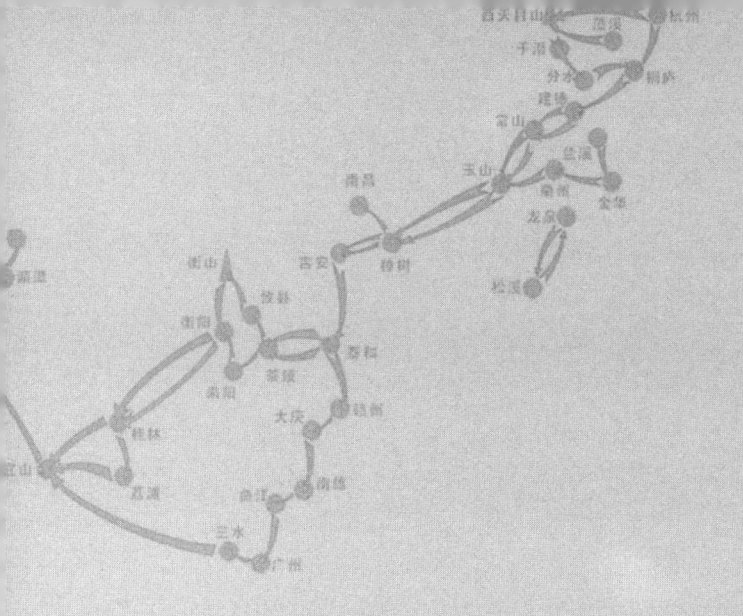

第一章
烟囱当比高粱高

　　现代战争是交战各国综合国力的比拼，是一场总体战。德国军事战略家埃里希·冯·鲁登道夫在一战结束后在《总体战》一书中总结说，现代战争"不单单是军队的事，它直接涉及参战国每个人的生活和精神"，"今天所谓的战场就其实际意义而言，已经扩展到了作战国的全部领域，不仅是军队，而且人民都程度不同地直接承受着战争行动的痛苦，而且受到粮食禁运和宣传等活动的间接影响"，"这是无情的和确凿的事实，而且必将使用各种作战手段为这一现实服务"。

战前畸形的工业布局

　　1937年爆发的中日全面战争，就是一场中日两国综合国力比拼的现代战争。战争爆发不久，侵华日军随即侵占中国沿海地区的工矿企业，并封锁中国的国际运输路线，企图迫使战时中国经济总崩溃，终而瓦解中国军民的抗战意志，达到其侵占中国的目的。与之相对应，中国方面确立了战时经济体制，调动一切资源与日本进行"总力战"。全面战争爆发之初，国民政府主动指导沿海地区工矿企业西迁，并将后方的各种社会有限资源进行重新配置，集中服务于对日战争。①抗战进入相持阶段后，一般舆论公认"经济抗战"与"军事抗战"一样重要，因为近代以来的战争不仅是人力的搏斗，也是物力的竞赛。②1939年5月，孔祥熙在重庆国民政府《全国生产会议开幕词》中明确指出"盖抗战工作所需物力的供应，至为浩繁，最后胜败的关键，尤视经济物质之能否长期支持"③。蒋介石亦多次讲："现代战争为国与国间人力、物力、财力总和之决赛，其经济物质能为持久之供给者，即能得最后之胜利"，"经

---

① 参见抗日战争时期国民政府财政经济战略措施研究课题组编写：《抗日战争时期国民政府财政经济战略措施研究》，西南财经大学出版社1988年版；笹川裕史、奥村哲：《銃後の中国社会——日中戦争下の総動員と農村》，岩波书店2007年版；张燕萍：《抗战时期国民政府经济动员研究》，福建人民出版社2008年版；笹川裕史：《中国的总力战与基层社会——以中日战争·国共内战·朝鲜战争为中心》，载《抗日战争研究》2014年第1期；徐跃：《多元视角下的抗日战争研究——评笹川裕史、奥村哲合著〈后方的中国社会——日中战争下的总动员和农村〉》，载《史林》2014年第2期。

② 李朋：《四川的桐油与国营》，载《东方杂志》1940年第4期。

③ 孔祥熙：《全国生产会议开幕词》（1939年5月7日），见沈云龙主编：《近代中国史料丛刊》第3编第44辑《全国生产会议总报告》，文海出版社1988年版，第57页。

济总动员"方能得到抗战胜利。①开发矿产、改良农业、发展工业、振兴商业、调整出口贸易等均是"经济总动员"的重要内容,其中,作为国民经济的支柱行业,工矿业所处的地位最为突出,是综合国力的最大体现,因此,中日之间的综合国力比拼,很大程度上依赖于其工矿业能否持久坚持。

抗战时期的西南、西北地区是中国工业最落后的地区,现代化工业几乎等于零,仅有的一些工厂,规模也小得可怜。1936年时,符合工厂法登记的工厂(30人以上或者使用电力)仅504家,工厂数量、资本额、工人数量仅占全国工业的6.1%。为了适应需要,保证基本的工业品需求,全面抗战爆发后,国民政府一项重要的工作就是沿海工业内迁。沿海工业内迁,是抗战时期中国经济领域中的第一个重大行动。在资源委员会的主持下,以上海为主的沿海地区的重要厂矿内迁西南、西北,不仅使这些重要战略物资避免资敌,还在短时期内填补了西部地区现代化工业的空白,推动了该地区现代化工业起步,为坚持持久抗战提供了最基本的物质保障。②

中国工业化的历史可以追溯到清末洋务运动。全面抗战爆发前夕,中国工业化虽有数十年的历史,然而其进步极缓,分布及行业至为不均。据1937年底经济部工厂登记情况,全国工厂总数不过3935家,资本总数不过3.77亿余元,工人总数45万余人。若以4000万方里(旧时面积测量单位,是指长宽各1里的面积)4.5亿人口平均分配,计每1万方里或10万人,仅有工厂1家;如果以投资计算,则每方里不过90元,每人投资不过0.8元,工人占全人口总数不过千分之一,而平均每厂的资本数额尚不及10万元,与1933年美国14万家600万工人、德国190万家900万工人相

---

① 全面抗日战争爆发前后,蒋介石多次谈到持久战问题。具体可见蒋介石:《现代国家的生命力》,见秦孝仪主编:《总统蒋公思想言论总集·演讲》第13卷,中国国民党中央委员会党史委员会1984年版;蒋介石:《敌人战略政略的实况和我军抗战获胜的要道》(1937年),见秦孝仪主编:《总统蒋公思想言论总集·演讲》第14卷,中国国民党中央委员会党史委员会1984年版。
② 章伯锋、庄建平主编:《抗日战争》第5卷《国民政府与大后方经济》,四川大学出版社1997年版,第230页。

较，可谓望尘莫及。即使与同处东亚地区的日本比较，1937年日本工厂总数为106,005家，工人为2,937,000个，亦无法比拟。地域上的偏重极大，就3935家工厂的分布情况来看，上海一地拥有1235家，约占全数30%以上，其他沿海各省份共有2063家，占全数51%还多，而内地各省所有的工厂828家不过占全数19%左右；行业结构也极不合理，战前工业多半属于轻工业范围，而重工业所占成分极少，在3935家中，属于轻工业范围者约占全数80%以上，而轻工业中复以纺织及饮食品工业为最发达，纺织工业资本为141,297,069元，饮食品工业资本为65,699,447元，两项合计206,996,516元，占全部资金总额55%。战前中国工业畸形发展的原因，主要有两个："一则由于中国社会型态之特殊，一则由于中国经济之不能自主。前者使现代工业在中国难于迅速发展，后者则促成中国工业发展之畸形。因之新经济中心乃完全集中于劳工集中、资金丰厚、运输便利、市场广大以及不受政治影响之区域。而于工业类别中，自然形成二大类型，一为易于模仿工业之发达，此类工业出产之物品，泰半均属已有市场者，且制造之技术简易，如棉纱、面粉、卷烟、火柴等项是；另一种即为买办工业之蓬勃，此种工业完全为准备出口者，如缫丝、打蛋、打包、洗毛等项均是。其结果乃演至凡需要高上技术，远离港口，而复需与进口货相顽抗之工业，即无发展之余地，战前中国工业之特征，要不外此。"[①]

[①] 吴半农：《后方工业鸟瞰》，见国民政府经济部统计处编印：《后方工业概况统计》，1943年，第1—2页。

持久抗战对厚植经济力的诉求

　　战前中国畸形的工矿业格局，显然有悖于战争的需要及国共两党在战争初期共同确立的持久作战的战略方针。1937年8月7日至12日，国民政府在南京召开国防会议，对敌我双方的基本情况和各自战略方针做了具体分析。在蒋介石主持下，会议讨论了《国军作战指导计划》，制定出"抗战到底，全面胜利""采取持久消耗战略"的方针，强调"以达成持久战"为作战指导的"基本主旨"，在此原则下，"一面消耗敌人，一面培养战力，待机转移攻势，击破敌人，以达到最后胜利"。8月15日，蒋介石下达了全国总动员令，并正式组织大本营。8月20日，国民政府以大本营训令方式，颁布了《国军战争指导方略》（以下简称《方略》）和《国军作战指导计划》。《方略》指出："为求我中华民族之永久生存及国家主权领土之完整，对于侵犯我国主权领土与企图毁灭我民族之生存之帝国倭寇，决心以武力解决之。"《方略》规定了大本营的组织系统，并规定大本营的作战指导为"以达成持久战为基本主旨"。[①]《国军战争指导方略》和《国军作战指导计划》的颁布，表明国民政府以持久消耗战为全国抗战的基本战略方针的确立。不过，确立之初，其在理论上不完善，也缺乏实际内容，随着战事发展，蒋介石等人对持久消耗战的理论不断进行补充和完善。在1938年8月纪念八一三抗战的讲话中，蒋介石对持久战略进一步进行了阐述："我们的战略，

　　[①] 《大本营颁布〈国军作战指导计划〉训令》（1937年8月20日），见中国第二历史档案馆编：《抗日战争正面战场》（上），江苏古籍出版社1987年版，第3—6页。

是以持久抗战，消耗敌人的力量，争取最后阶段的胜利。"他也告诫部下："对日作战，不经十年八年的艰苦，不会成功。"南京失守后，蒋介石连续召开军事会议，检讨前期抗战的得失，确定以后作战方针，并对"持久消耗战"的战略方针做出了具体解释。①

与此同时，中国共产党也提出了持久抗战的战略。1937年8月7日，中国共产党代表周恩来、朱德、叶剑英应邀与会②，并向会议提交《确立全国抗战之战略计划及作战原则案》。该提案全面分析了中日双方的基本情况，提出了全国抗战所应采取的战略方针和作战原则。主要内容为：战略方针为持久防御战；战役上应以速决战为原则；基本作战原则是运动战，避免持久的阵地消耗战；战略上应是内线作战，而在战役的指导上，应是外线作战；开展广泛的游击战，造成主力运动歼敌之有利时机。12月25日，中共中央在《中国共产党对时局宣言——巩固国共两党精诚团结，贯彻抗战到底，争取最后胜利》③中指出："在目前千钧一发的紧急关头，中共中央号召国共两党同志和全国同胞，为保障继续持久抗战，争取最后胜利共同努力，实现下列主要工作：（一）动员全中国的武力、人力、智力、财力、物力，继续守土卫国的长期抗战——这首先要坚持华北和东南的持久抗战，巩固江防，保卫武汉，发展敌人占领地区的广大游击战争，援助东北及各地的义勇军，来击破敌人的前进，阻止敌人的深入，以便争取时机，加强力量，准备进行决定的斗争。（二）巩固和扩大全中国的统一的国民革命军——在政治上，组织上，武装上，加强现有军队，建立新部队，有组织的进行征募兵役运动，使我国在持久抗战中，有统一指挥、统一纪律、统一武装、统一待遇、统一作战计划的足够数量的有新式武装的和政治坚定的国防军队。"1938年3月9日，《新华日报社论》指出要战胜山西之敌，其一，山西主将要有钢铁般的决心，置之死地而后生；其二，山西作战，因为主要的后

---

① 步平：《中华民族抗日战争全史》，中国青年出版社2010年版，第144页。
② 中国共产党代表参加国民政府召开的国防会议具体情况，参见戚厚杰：《中共代表参加了国民政府召开的国防会议吗》，载《抗日战争研究》2009年第2期。
③ 载1938年《解放》第28期。

方联络线一时被敌人断绝，作战军队自然不能保持固定的前线，因此，山西作战军队必须依托广大群众，依托有利地势，在整个作战计划下，造成几个新的作战基地，使作战军队有所依托，以便继续进行持久的战斗。①同年3月16日，《新华日报社论》指出，自第二期抗战开始以来，全国上下，表现出比以前更巩固的团结。也正是由于这更巩固的抗日民族统一战线，我们在第二期抗战中得到了若干不可否认的进步。首先，在军事方面，由于运动战的采用、游击战的配合、军队纪律的改善、军队的补充和新军队的训练，给敌人制造了很多困难，形成了许多打击，使敌人扫荡黄河以北、切断陇海、打通津浦、到达中原大会战的企图遭受了不少阻碍。同时，我正规军和游击队，不论在江浙皖，还是在晋察冀鲁，先后收复了不少失地，拯救了千百万受尽凌辱蹂躏的同胞，尤其是我英勇空军，迭奏奇功，成了抗战中最光荣的一支力量军。②徐州会战后，亡国论甚嚣尘上，对游击战在抗日战争中的地位及作用，人们的认识莫衷一是，很多人把胜利的希望寄托在正规战上，贬低中国共产党的抗日游击战。为了纠正这些错误观点，澄清模糊认识，并进一步向国内民众和党内同志阐明中国共产党关于抗日作战的正确军事路线、战略方针和作战原则，毛泽东于1938年5月间连续发表了《论持久战》和《抗日游击战争的战略问题》两部重要著作，在总结十个月抗战经验的基础上，就抗战的性质、特点、进程、前途以及发展规律、战略方针等问题做了全面论述。这对抗战相持阶段抗日游击战争的深入开展和及时动员、组织、指导全国军民进行持久抗战、全面抗战起了重大作用③，也标志着中国共产党持久抗战理论臻于成熟。

  尽管国共两党在持久战的阶段划分、具体内容上有一定的相异之处，但是两党均一致认为持久战略的客观依据是敌强我弱、敌小我大的

---

  ① 《论山西战局》，见《新华日报社论》第3集，1938年3月9日社论，新华日报馆印行，第39—42页。
  ② 《动员全国人力物力财力增强抗战力量》，见《新华日报社论》第3集，1938年3月16日社论，新华日报馆印行，第67页。
  ③ 张宪文、曹大臣：《图说中国抗日战争史 1931—1945》，学林出版社2005年版，第137页。

矛盾存在。抗日战争应采取持久战略，以空间换取时间，逐次消耗敌人，以转变优劣形势，争取最后胜利。持久战的主要特征长期性，持久战的战略目标是要通过长期战争逐步消耗敌人的力量，改变敌我力量的对比，最终取得全面胜利。国民党强调在不利条件下，不与敌人争一城一地之得失，要"以空间换时间"，共产党也认为要勇敢地进退，执行"以土地换时间的正确政策"；国民党明确指出要"积小胜为大胜"，共产党也倡言"积小胜为大胜"。

在持久抗战共识下，如何真正做到持久坚持，是国共双方首先要考虑的。中国共产党方面，主张全民族抗战，希望利用整个中华民族的力量去对抗侵华日军，使其陷入全民族抗战的汪洋之中，中国在持久抗战中获取最终的胜利。中国国民党及国民政府方面，在暴日迅猛攻势下则力主政府机构、科研教育组织、工矿企业等等，均向西迁移，保存力量，用空间换时间，持久抗战。战前，中国工业分布畸形，大都集中于江海沿岸及铁路沿线各地，莫不首当炮火之冲，国民政府军事委员会工矿调整委员会为保持国家经济元气，奠立后方工业基础，于八一三沪战将起之时，组设厂矿迁移监督委员会，订定奖助办法，派员分赴临近战区各省市，督导各公私厂矿内迁。为了不签城下之盟，为了保存、厚植抗战力量，必须找到可以依赖的后方根据地——远离沿海的素有"天府之国"之称的四川成为最为理想的民族抗战、复兴的根据地。

四川——民族抗战的根据地

　　1935年3月初，蒋介石为布置"追剿"长征中的工农红军来到重庆。3月4日，蒋介石在重庆出席四川省党务特派员办事处扩大纪念周活动，发表了题为《四川应作为复兴民族之根据地》的讲话。在这次讲话中，蒋介石第一次提出并强调："就四川地位而言，不仅是我们革命的一个重要地方，尤其是我们中华民族立国之根据地。"[①]5月28日，蒋介石致电财政部部长孔祥熙告以此时军事与政治重心全在四川请对四川经济有关问题从速解决，电文说："日本在华北似有箭在弦上之势，最近必有举动，彼之目的在扰乱我经济之发展与妨碍我军事之成功。此时我方军事与政治重心全在四川，请兄对于四川经济有关之各种问题，从速解决，并早定川中金融之根本方策，不致发生根本之动摇，如能多解现银入川，以备万一更好。"[②]5月31日蒋介石在日记中写道："（二）昆明形势雄伟，气象清明，秩序井然，虽进步未见，但古风犹存，而其物产丰富，民性朴厚，实益增吾复兴民族之信念。（三）四川内容复杂，军心不固，后患可忧，当一本既定方针，扶助其中之一人，主持川政，而中央除整理金融，统一币制，筹备其经济实业之发展以外，对于军事，不宜植势，以昭大公。"[③]6月2日，蒋介石就发行7000万元四川建设公债

---

　　① 蒋介石：《四川应作为复兴民族之根据地》，见贺国光编：《国民政府军事委员会委员长行营参谋团大事记》，军事科学院军事图书馆1986年影印本，第866页。
　　② 《蒋委员长致孔祥熙部长告以我军事与政治重心全在四川请对四川经济有关问题从速解决电》（1935年5月28日），见秦孝仪主编：《中华民国重要史料初编——对日抗战时期》绪编（3），中国国民党中央委员会党史委员会1981年版，第335页。
　　③ 《蒋委员长日记》（1935年5月31日），见秦孝仪主编：《中华民国重要史料初编——对日抗战时期》绪编（3），中国国民党中央委员会党史委员会1981年版，第335页。

事致电财政部部长孔祥熙："此时方针，当重在先定川局，再图大局之挽救，故多费几钱，总在国内民间，不算吃亏，切勿作普通事一律看待也。"①6月3日，蒋介石又致电交通部部长朱家骅、航空委员会主任陈庆云，指令决定选定重庆附近为厂址，建筑即将从德国引进技术和设备的翁克斯飞机制造厂。②6月25日，蒋介石又致电兵工署长俞大维，指示其凡各兵工厂未装机的机器，尽量设法秘密改运于川、黔两厂。③8月1日，蒋介石致电资源委员会秘书长翁文灏迅速决定四川重工业建设计划。④10月6日，蒋介石在成都出席省党部扩大纪念周活动，再次发表演讲并强调四川"是复兴民族最好的根据地"⑤。1935年终，蒋介石回顾这一年的大事、要事，两次提及"统一川黔"的成功⑥，可见四川乃至西南在蒋介石心中已经具有非比一般的重要性。后来蒋介石自己还明确地表示："到了二十四年进入四川，这才找到了真正可以持久抗战的地方。"⑦这些事实表明蒋介石要以四川作为对日抗战的根据地的构想在1935年已经十分清楚，并在加强政治控制和军事整顿方面取得了相当大的进展。同时，整个西北、西南在公路建设方面也取得了显著的成绩。

---

① 《蒋委员长致孔祥熙部长请决定公布发行四川公债七千万元以先定川局电》（1935年6月2日），见秦孝仪主编：《中华民国重要史料初编——对日抗战时期》绪编（3），中国国民党中央委员会党史委员会1981年版，第336页。
② 《蒋委员长致朱家骅部长、陈庆云主任告以德国翁克斯飞机制造厂决在重庆附近建筑电》（1935年6月3日），见秦孝仪主编：《中华民国重要史料初编——对日抗战时期》第1编《绪编》（3），中国国民党中央委员会党史委员会1981年版，第336页。
③ 《蒋委员长致俞大维署长指示各兵工厂尚未装成之机器应尽量设法改运于川黔两厂电》（1935年6月25日），见秦孝仪主编：《中华民国重要史料初编——对日抗战时期》绪编（3），中国国民党中央委员会党史委员会1981年版，第338页。
④ 《蒋委员长致翁文灏秘书长请速决定四川重工业之建设程序并指派负责筹备人员电》（1935年8月1日），见秦孝仪主编：《中华民国重要史料初编——对日抗战时期》绪编（3），中国国民党中央委员会党史委员会1981年版，第339页。
⑤ 蒋介石：《建设新四川之要道》（1935年10月6日），见国民政府军事委员会政治部编：《峨嵋训练集选辑》，国民政府军事委员会1938年版，第142页。
⑥ 《蒋委员长自记民国二十四年中之所感》（1935年12月31日），见秦孝仪主编：《中华民国重要史料初编——对日抗战时期》绪编（1），中国国民党中央委员会党史委员会1981年版，第742页。
⑦ 黄立人：《抗战时期大后方经济史研究》，中国档案出版社1998年版，第8页。

战时工业内迁运动

李紫翔在《工业的大西迁》一文中讲道:"我国的西部。西南部和西北部,是一个经济较落后的广大区域。她的经济的特点,是一方面既保有历史上的各种各样的经济形态,另一方面又与近代东部经济的发展,存在着不易逾越的隔离。那些过着原始经济生活的部落,这里可以不谈;即是发生国际关系较早的云南。在抗战以前,经济上也没有受到外来的重大影响。又如'天府之国'的四川,是我国最富庶的省区之一;在大都市中,现代物资的奢侈享受,可称应有尽有;即是许多县城和市镇,亦多设立了照明用的电力厂,和一个以至三五个中等学校。可是制造工业,还是未曾冲入三峡的。不单是这样,羊毛产区的甘肃,在一八七八年,我国最初输入工业生产方式时,即由左宗棠从外国订购全套纺织机和动力机,费了九牛二虎之力建设起来的甘肃织呢总局,虽(进口)过这部德国机器至现在仍要算是最好的一部,可是兰州织呢厂在六十年的长远历史中,就没有经常的生产过,更不要说她的可能或应有的发展了。一般的说,我国西部在抗战之前的经济基础,仍然完全是小农和小手工业的生产;虽然消费上已经不是'闭关自守'的。例如战前四川一省输入的机制棉纱和机制棉布已共合纱十五万件之多。""近代工业所以不能输入、生存及发展于西部区域的原因,是由于经济、政治和社会的各种落后因素,起了决定的反动作用。拢总的说,就是缺乏工业经济的必要条件,也可以说是没有改造或补足工业经济的必要条件。因为这样,生长在这个区域的人,就不知及不能从事工业的企业经营，东部的企业家，也不愿在缺乏经济条件的地方来投资；即是开发殖民地的外国资本家，亦多束手于移殖工业的尝试。这种落后的经济条件所构成的地方经济的封锁线，或为其剥蚀成的贫瘠的工业园地，已使西部区域在我国工业发展史上落后了四五十年，直到这次民族抗战，才为人的和物的西迁浪潮所冲破和被改变起来。"①

全面抗战爆发后，国民政府立即下令沿海各厂矿迁入内地，从1937年7月到1940年底，三年半内，完成了中国有史以来第一次工业大迁徙。除公营、国营厂矿不计外，经工矿调整处协助迁建的厂矿共计448家，机料70,900余吨，技工12,000余人。以各地迁移厂矿而论，因目标中心在上海，故由上海迁出的民营工厂共146家，机料14,600余吨，技术工人2500余名；苏州、无锡、常州一带的工厂，除少数厂家内移外，其余大部分未能成行，随后均遭沦陷，颇为可惜；南京、九江、芜湖一带，以时间迫急，仅少数迁移成功；青岛工厂实行了彻底破坏；河北方面因军事关系，厂矿未能迁出；济南迁出1家；开封迁出1家；焦作煤矿迁出2000余吨；郑州豫丰纱厂迁出机料9000余吨；梁河、许昌等地迁出数家工厂；太原方面，在西北制造总厂总办张书田的努力下，迁出机料2000余吨及大车头两座；广州方面，以种种关系，厂矿未能内迁，结果是大半资敌；最为成功的是湖北，自上海地区工矿企业首迁武汉后，逐渐形成一种风气，且亦较有经验与准备，是故，在武汉沦陷前，武汉附近厂矿的拆讦比较彻底，大冶铁矿共运出机料57,000余吨，武汉共迁出民营厂160余家，汉阳钢铁厂及六河钢铁厂亦完成拆迁工作；长沙省营工厂亦均安全迁移。此外，浙江有86厂，福建有105厂，则由地方政府负责，分别内迁。

在迁移期间，以1937年8月至1939年7月为主，大体可分为三个阶段。第一阶段：1937年8月至12月。情势紧张，工作至为棘手，经过各方努力，在百般困难中将14,000余吨机料由上海运至汉口，至为可

---

① 李紫翔：《工业的大西迁》，载1945年12月13日《经济周报》第1卷第7期。

贵。第二阶段：1938年7月至10月。武汉撤守前夕，由上海内迁的工厂，有一部分于汉口复工，之后因情形紧张，重复内迁，此外尚需拆迁大冶以及武汉三镇一带的工厂。在此期间，经过武汉及由武汉起运的内迁厂矿，经工矿调整处协助有案者计共304家，机件物资51,100余吨，数量上最为庞大。第三阶段：1938年10月至1940年6月。以宜昌为枢纽，1938年底前系将由武汉迁移的物资尽速西运入川，其后则为采购棉纱，转运沪浙一带物资，计经过宜昌运入四川者，共45,200余吨。自此之后，迁移即大体完成，虽仍有继续，然均规模不大，厂数零星，无关宏旨。

总计此次内迁运动，若按厂矿性质分类，机械工业约占迁入总数的40.40%，纺织工业占21.65%，化学工业占12.50%，教育用品工业占8.26%，电器工业占6.47%，饮食工业占4.91%，钢铁工业占0.24%，其他工业占3.79%，矿业占1.78%。由此可见，内迁工业的重心在于机械、纺织、化学等三类工业上。至于迁往省别，以四川为最多，计占内迁总数54.67%，湖南次之，占29.21%，陕西占5.90%，广西占5.11%，其他各省占5.11%。若以内迁器材而论，在约70,000吨内迁机料中，四川即占45,000吨，湖南、陕西各占10,000吨，广西占3000吨，其他各省仅占1000余吨。总之，三年半的工厂迁建运动，给予后方工业的影响，实至深且巨。

李紫翔在《工业的大西迁》一文指出："这次抗日战争的大西迁，是我国历史上最富有意义的一次政治移民。这次西迁，进步的东部势力，排山倒海似的渗入了西部的每一个城市；并依恃西部的物力，特别是敌忾同仇的人力，赢取了最后的胜利。这是与东晋和南宋终于逃难以亡的南迁完全不同的。此外，还有一个与这种政治意义同样重大而影响更为深远的，就是工业的西迁。过去历史上几次大的移民，对于落后区域的经济自亦起过多少影响，但那种进步，终不过是同一性质的手工业生产方法单纯再建而已；而这次随东部人民西迁的，却是几百个工厂，几万吨机器，以及成百几千的企业家、工程师和技术工人，一句话，是移入了和当地经济形态本质不同的整个的工业生产方式。这种进步的工业生产方式的大量移殖,对于西部经济的根本变革,将要发生何种程度的作用,自然尚有赖于其他的必要条件,但后方战时工业的建立与发展,却已完全是以西迁工业作基础的了。这次工业的西迁是随战争的不利发展而逐时逐地演进的。正如战争的突然爆发一样,工业迁移亦是在炮火威胁之下仓卒拆卸和抢运。大致记来,华北是最先作战的处所,工厂多来不及拆迁;华南沦陷最后(如广东),当事者苟图侥幸,不欲他迁,所以这次工业西迁主要的是由长江下游,特别是上海和汉口的工业家负责实行的。这在有统计的四一〇家西迁工厂中,由上海迁出的占一三五家,由武汉迁出的占二〇四家,合计约占总数的百分之八二以上,可以证知,至于她们西迁的路径,主要的经溯长江以达四川,经陇海路以达陕西,或经湘桂路以达广西;北经香港、海防、仰光以转迁内地者,为量较少,且多在当地或中途遭受了损失。关于这些近代工业设备的运输,亦是经过了许多可歌可泣的奇迹的:那些崎岖而遥远的陆路上利用畜力或人力的转运,可以不谈,即是三峡的水运,亦没有近代交通工具的利用,而是把巨型机器装载于成千木船上的。这种运输方法,除了战时,都会被认为不合经济,并是不可能的。"①

林继庸在《战时后方民营工业动员》一文指出:"这次伟大的迁移,北起山西、山东、河南,东起江苏、浙江、福建等省,齐向西南方移动。巨潮澎湃,沿路经过,又把大冶及武汉三镇等处的工业席卷而去。上海方面民营工业界的人士,首先发动,一心一德……遵从着政府工厂内迁的政策,到了最后关头便毫不犹豫,忠贞自矢,慷慨赴难。他们觉得在租界内永远没有我国民族工业的前途。他们不甘以厂资敌而增加敌人的军用资源。他们联合着同志们,分头接洽,一齐动手,在炮声火光中抢救出他们所需用的机件工具材料,遵从着上海工厂迁移监督委员会的指示,经历过许多困难,卒能抢运出许多物资。其时江阴已被封锁,京沪、沪杭两路铁

---

① 李紫翔:《工业的大西迁》,载《经济周报》1945年12月13日第1卷第7期。

路又忙着军运,他们只好乘着划子取道苏州河绕出镇江,再换轮船直运武汉。及至苏州河道被断,他们又从南通州绕道扬州、镇江而达武汉。这一路共迁出一百四十六家工厂。在山西太原附近的,于敌军将到达时,赶将物资搬运到风陵渡,赶造临时码头,夜渡黄河,经由陇海路、西北公路,而达四川。在河南焦作的,则全体动员拆运机件南下。其时郑州附近的黄河铁桥,本已埋布炸药定期炸毁,因要等待工厂物资的通过,所以延缓了一日,然后炸毁。在郑州的,则于一个月的时间把数万吨的机件完全拆运到汉口。在青岛的敌商工厂有纱锭五十余万枚,政府当局本来可以从容把这些敌产运出,因为要表示我们大国民的风度,义不取盗贼之财,待至敌军将到达时,埋布炸药,放把火把他炸烧个精光。各路到达武汉后,再分路北上陕西,南下湘桂,西入四川,遵照着工矿调整处所指定的地区,计划安置。他们在江中运输,有时给敌舰追上了,宁可将船下沉江底,义不资敌。他们越历崎岖的山路,逆渡险恶的急滩,沿途经过几许艰辛,克服几许困难,牺牲了若干性命,洒流过多少血,壮烈牺牲,百折不回,完成了预定的计划。他们所经过的事实,很可以写成一厚部可歌可泣的史诗。这些都是天地间的正气,是我国列祖列宗几千年来遗下的教训,到了紧急危难的关头才发挥出来。"[①]

[①] 林继庸:《战时后方民营工业动员》(1943年5月7日),见秦孝仪主编:《中华民国重要史料初编——对日抗战时期》第4编《战时建设》(3),中国国民党中央委员会党史委员会1988年版,第695—696页。

战时后方工业的新时代

全面抗日战争爆发后,在西迁人、财、物等资源的"传动作用"下[①],战时后方工业发展进入一个崭新的时代,后方经济也随之进入了现代化的起步阶段。

第一,从产业的分布上来说,工业西迁改变了过去厂矿企业堆集于沿江沿海各大埠的状况。全面抗日战争爆发后,在抗战建国政策的策动下,据不完全统计,600余家内迁厂矿企业,配合新生企业,迅速建起约4000余家厂矿企业,它们分布于西南、西北的广袤区域。

■ 1942年度后方各省工业发展及分布情形百分比

省别	工厂	资本	动力使用	工人
四川	44.01	58.280	43.22	44.770
湖南	13.34	3.919	10.51	13.060
陕西	10.24	5.431	9.63	9.740
广西	7.77	7.879	7.92	6.630
甘肃	3.69	3.192	1.14	3.260
贵州	2.98	2.386	1.13	1.890
云南	2.82	10.804	10.32	7.490
江西	2.71	1.720	3.23	3.770
福建	2.34	0.577	8.34	2.5600
河南	2.34	0.151	0.57	1.020

---

① 虞和平主编:《中国现代化历程》第2卷,江苏人民出版社2007年版。

续表

省 别	工 厂	资 本	动力使用	工 人
安 徽	2.20	0.058	43.22	0.330
广 东	1.85	0.475	0.95	1.080
浙 江	1.83	4.710	2.46	2.750
湖 北	0.45	1.106	0.08	0.490
宁 夏	0.40	0.049	0.11	0.571
山 西	0.40	0.014	—	0.220
西 康	0.32	0.170	0.30	0.160
绥 远	0.20	0.007	—	0.100
江 苏	0.08	0.003		0.080
青 海	0.03	0.051	0.05	0.003
总 计	100.00	100.00	100.00	100.00

资料来源：经济部统计处：《后方工业概况统计》（1942年），经济统计丛刊第3种，经济部统计处，1943年，第14页。

据1942年后方各省工业发展及分布的数据统计，就四川一省工厂的数量、资本、工人及动力设备各方面的占比来看，像川、康（于1955年7月30日撤销，划归于四川省）、滇、黔、陕、甘、宁、青等地，亦皆能随着国家的需要，建设新厂，烟囱高耸，担负起战时生产之伟大任务，而像渝、蓉、昆、桂、衡、筑等后方重点城市，已变成后方近代工业之新生集结地，在一定程度上指示着中国经济建设之可能的发展方向。

第二，从产业的性质上来说，工业西迁改变了过去的偏向于轻工业发展，重工业停滞的状况。战前的中国工业，因受外力阻碍，其发展最为畸形。如据1937年在国民政府实业部所登记的3935家厂矿企业来看，冶炼、电器制造等五项重工业不过占总数量15%弱，而饮食品、服饰品等三项轻工业所占的数量，要在60%强，并且号称重工业之母的机器工业，虽然有340家之多，但是其平均资本不过万元。全面抗日战争时期，国民政府对内迁厂矿的鼓励与督导，奠定了后方产业发展的重工业的基础。内迁的工厂中机械工业占迁入工厂总数40.40%，纺织工业占21.65%，化学工业占12.50%，教育文具工业占8.26%，电器工业占6.47%，饮食工业占4.91%，钢铁工业占0.24%，矿业占1.78%，其他工业占3.79%。[①]不难发现，重工业（机械工业）所占比数为最大，纺织工业与化学工业所占比数也相当可观，这足以表明内迁工业的重心所在。

■ 1942年度后方工业厂数、资本、工人及动力设备百分比

工业种类	厂数	资本	工人数量	动力设备
水电工业	3.30	7.39	1.90	35.59
冶炼工业	4.10	15.59	7.20	6.71
金属品工业	4.30	1.22	3.43	1.43
机器制造工业	18.10	17.42	13.06	11.17
电器制造工业	2.60	4.80	2.98	5.95
木材及建筑工业	1.30	0.29	0.76	0.40
土石品工业	3.20	3.32	4.41	3.34
化学工业	22.00	28.83	14.95	17.26
饮食品工业	9.60	4.30	4.74	6.74
纺织工业	21.00	14.98	38.59	10.74
服饰品工业	3.90	0.57	3.83	0.11
文化工业	6.00	1.10	3.03	0.46
杂项工业	0.60	0.19	1.12	0.10
总计	100.00	100.00	100.00	100.00

资料来源：经济部统计处：《后方工业概况统计》（1942年），经济统计丛刊第3种，经济部统计处，1943年，第11页。

从上表可见，属于重工业方面的（包括水电、冶炼、金属品、机器制造、电器制造、木材及建筑、土石品等7项）工业情况为：按厂数计，占工厂总数37%左右；按资本计，占50%；按工人数量计，占33%；而按使用动力设备计，则占64%以上。全面抗日战争爆发以来，后方新兴产业建设已经改善了过去偏向于轻工业方面发展的状况，并且有倾向于国防工业建设的趋势。

[①] 吴文建：《中国工矿业之内迁运动》，载《新经济》1942年第7卷第9期。

第三，国家资本在资本的性质分类中，占有极大的比重。中国近代工业一开始虽属于官办性质，但是，甲午战败后官办工业趋于停顿，甚至于崩溃。此后，由于《马关条约》的束缚，除了铁路交通，以及少数的工矿事业仍在外力支配之下归于所谓国营企业外，其他都是在自由经济之下新起的一些私营企业，但同时也得承受帝国主义的阻碍与竞争。此时的国营企业，可以说是渺小不足道的。抗战前后，由于战争的需要，经国民政府和各省当局、战区经济委员会及国家银行的努力，国营企业（包括省营）才蓬勃的发展起来。据国民政府经济部统计处的统计，截至1942年度，国营企业资本，占资本总额69%强。若从资本、动力设备、工人多寡来看，国营企业的资本，平均每单位200万元，而民营企业的资本，每单位尚不及20万元，国营企业每单位有百匹马力，而民营企业则每单位为30匹马力，国营企业每单位可得200余人，而民营企业则只有50余人。就国营、民营企业之种类论，如冶炼、水电、机械、电器、化学等五种国防工业，国营占绝对的优势，纺织、土石品工业，国营、民营几乎相当，至民营占优势的仅有木材及建筑、服饰品、饮食品、文化、杂项等类的轻工业。[1]

第四，生产技术有了一个划时代的进步。由于战事的展开，对外交通运输之困难，过去必须依赖外国不可的东西，战时除了特殊的原料没有以外，有的已经达到能够自造的地步。据国民政府行政院报告称，"由于后方工业之进步，其结果表现在机器制造上特多。如引擎轮机、变压器、口筒、压棉机、轧钢机、造纸机等等，现在均有出产，而此类机器，以前均由外国输入，今则已能自造……。"[2]

第五，工业合作在全面抗日战争爆发以后，由于工业合作运动的发展，工合组织渐趋扩大，工合的力量已发展到后方的南北各区域。从1938年秋季起到1939年4月，工合的单位已达266个，社员3500余人；

---

[1] 李学通：《国民政府与大后方经济》，收入章伯锋、庄建平：《抗日战争》第5卷《国民政府与大后方经济》，四川大学出版社1997年版，第257—258页。
[2] 《战工我后方工业》（张平群对外记着之谈话），载《中央日报》1943年12月2日。

到1941年时,其已发展到1700多个单位,遍布于南北十八省地区,社员达3万多人。工合的发展,不仅鼓励中小手工业在战时尽力于日用必需品的生产,有利于大后方物类的补给,而且亦是对手工业生产进一步走向小型机械生产,与由私人资本的私人企业联合起来,走向合作共营途径的有意探索,其成绩相当可观。这也是抗战以来新生的一种力量,是生产界的一个重大变化。

然而颇值得予以说明的,战时后方工业虽然进入了一个新时代,但其企业分布的偏在性,资本运转不良等问题影响到其战时的发展,而且也波及其战后的生存。

第一,在战前,中国的新式企业,多堆集于沿江沿海的各大埠,尤其是堆集在几个少数的大城市中,形成中国新式企业的偏在性。遗憾的是,战时内迁与后方发展的一些新式企业,其分布的偏性也仍然存在。国民政府据经济部的统计,截至1942年度,后方新产生的近代工业,经登记与调查所得的3758家单位中,仅四川一省就有1654家,占总数的44%强,而在四川这1654家单位中,重庆这一个区域又占绝大多数的比例。其他如贵阳、衡阳、昆明、桂林、西安等处,亦有同样的堆集现象。这种畸形的堆集现象,表示着战时工业发展仍存在一定程度上的无组织、无计划的行为。很显然,一个地方若是无组织的无计划的存在着过多的企业,从社会需要来说,是人力物力的浪费,从生产本身利益来说,材料的供应、产品的运销、技术人才和劳动力的供应等等,也都会因不能容纳而发生困难。此外,这些不合理而存在的近代企业,战事结束以后,需要与供给恢复常态,又要来一次迁移,或是随着战事结束以后,任其自然崩溃,这是战时中国工业界面临的一个较为严重的问题。

第二,由于物价不断的高涨,工业资本的利润,远不及商业资本的利润高,而工业资本的周转期,也远不及商业资本的周转期短,遂使游资群趋于商业活动,囤积和重利盘剥盛行,使工业资金极端贫乏,甚至造成工业资本转化为商业资本,后方部分工业生产停顿的现象。太平洋战争爆发后,游资在国外活动的范围缩小,中国后方几个大的城市就成了其兴风作浪的乐土。它与商业资本力量相互激荡，更助长了后方囤积操纵的风气，以致于工矿企业所需人工、原料的费用更趋狂涨，工业资金更加缺乏，工业进步的困难大大增强。据1942年一些报刊记载，后方各地厂矿，因人工、原料费用的上涨，资金周转困难而倒闭者甚多。以重庆一区而论，在1941年底，18家钢铁工厂之中，已停炉的有14家，未停炉的还有3家只是局部开工；机器业公会所属的365家机器厂中，歇业的已达55家，停工的有13家，未具报的还不知多少；至于矿业，不惟私家经营的因粮价、工资、运费的上涨，资金周转困难，停顿甚多，就是国营与省营的，如个旧的锡矿、赣南的钨矿，虽然是战时对外贸易主要的物产之一，也因上述的原因，生产已经趋于停顿。

第三，由于财政政策还不能很好的配合生产政策，贫弱的受到更多的阻碍。如曾颁布的《过分利得税》，它对战时商业利润所得与对工业利润所得，是采取同一的税率征取。由于这个税率的关系，工业界就受到"虚盈实税"的影响，进行再生产就会更加困难，工业资金更趋于削弱。再就生产与使用这方面来说，国民政府一方面大谈其工业建设，要计划如何的发展基本工业，但同时，作为工业基本的原料如钢铁，1943年的产量仅及美国的1/1200，却上演了生产过剩，呼喊救济的闹剧。需要大量使用钢铁的建筑工程如铁路轮船之修筑，因财政预算紧缩不能正常进行，致使少数产量的钢铁工业发生生产过剩。国民政府的财政政策没有很好的同经济的生产政策配合起来，以致工业上的困难增加。

第四，在产业上关于国营、民营事业的范围以及对国营、民营企业的态度，原则上政府虽有规定，可实际上仍然没有确切的办法，以致发生许多不配合的现象。有的地方不违国民政府发展、扶助民营事业的本旨，共同携手前进，却因事业发展的关系几有与民争利之嫌，这于后方工业生产前途，是极为不利的。[1]

---

[1] 漆淇生：《论旧工商之危机与新工商之使命》，载《新工商》1943年第1卷第1期。

中国工业迁至大后方，在顽强生存、重塑，在努力摆脱因时局造成的不良影响。"中国工业化，是这一百年以来要完成而迄未完成的一个艰难困苦的大业，也是这一百年来摆在中国人民面前一条应当走，而终未能走通的迂回曲折的道路。由这次的抗战，这个艰难困苦的大业，已经成为我们前途可能完成的事业"。[①]

[①] 许德珩：《中国工业化及其前途》，载《四川经济季刊》1943年第1卷第2期。

第二章
卢作孚追求的新世界

1938年10月,武汉沦陷,大批量工业物资囤积于宜昌码头。将其平安地运抵四川,事关国力维持、抗战建国大计。卢作孚以国民政府交通部次长身份,以民生实业股份有限公司运力为主,居间调度,顺利完成了工业物资的大撤退,成就了其抗战首功。卢作孚不仅尽力协助工业内迁,并且致力于发展后方工业。他从轮船运输业入手,进而广泛涉猎各种实业,1947年时,民生公司建立起包括航运、钢铁、机械、纺织、银行、保险、商业、文化等部门的庞大资本集团。同时,他在嘉陵江地区进行乡建试验,走出了一条他自己认定的工业化强国道路。

抗战首功——宜昌大撤退

宜昌大撤退铭文：

发生在中国人民抗日战争中的宜昌大撤退，是一部民族救亡的悲壮史诗和英雄乐章。浩然正气，低徊大江流日夜，高悬星汉壮春秋。

1938年秋，继侵华日军屠戮沪宁后，武汉会战攘敌维艰，宜昌告急。华北华东和华中许多工矿、院校、军机要部之物资设备、兵工航空器材及大量负伤将士、难民孤童、军政工商人士和社会贤达名流，经水道陆路，涌堵蓑尔宜昌，俟迁蜀渝。挟地壤荆门雄关，扼天下西江襟喉的古城，云谲波诡。惟长江枯水季节前10月至11月约剩40天的中水位期完成超年运总量之疏运，救亡图存，垂成攸关。民族实业家、民生公司总经理卢作孚临危受命交通部次长兼疏运总指挥，以超凡勇智，赴宜督导。民生公司为主力，联合招商、三北等轮船公司并租用盟国外轮，集24艘轮船和850余只木船于宜渝之间分段转运。中国共产党秉持民族大义，通过中共海委水陆各基层支部广泛动员，鼎力相助。滞宜爱国民主人士和抗敌演剧队也热忱响应，奔走呼吁。铮铮宜昌，倾全城之众，数万码头工人、海员、船工和纤夫，在敌机狂轰频仍、硝烟弥漫的宜昌码头和岭寒涧肃、滩湍水阻的峡江航道，鏖战于惊涛，劈波于漩流，万民挽臂，百姓伏脊，搬运号子和拉纤绞滩之呐喊怒啸苍穹。英雄城市,展开波澜壮阔之恢弘画卷,竭尽砥柱挽澜之磅礴力量,将民族工业精华近10万吨物资设备,3万人员如期成功转移,演绎了中国大内迁最壮观一幕。

宜昌大撤退历公元1937至1940年三载,轮帆二千余,疏运百万吨,迁民于后方运兵于前线数百万,世界军事史称"中国伟大的内迁"。此三年中,日寇疯狂阻截,轰炸码头货栈,空袭船舶民众,致我伤亡惨烈。仅民生公司计员工116名捐躯、61名伤残,更佚名英魂无数。宜昌人民同仇敌忾、共赴国难,惊天地、泣鬼神,以热血写就中华民族历史一页。

世界反法西斯战争中,中国宜昌大撤退与法国敦克尔刻大撤退齐名,气壮山河,彪炳史册。宜昌大撤退体现了中国人民在民族危亡之际,万众一心、勇于牺牲和包容团结之精神,谱写了民族统一战线新篇章,奠定了抗战胜利基础,勋业照人,万古流芳。

行看云雨过去,五陇烟收,西陵形胜,三峡浪开东海日。七十寒暑,山川不泯英雄气,征途依然当年月。借先辈慷慨,添今人豪情,逞长江之志,铭耿耿肝胆。辟园塑景勒石镌珍岁在丁亥。祈黎民安,社稷足,世界和谐,彝陵丰华千秋,华夏玉帛万代。①

宜昌位于长江上中游分界处,素有"川鄂咽喉""三峡门户"之称。全面抗日战争爆发后,国民政府西迁重庆,宜昌遂成为西迁人员和物质的转运基地(入川中转站)。

由于当时的迁移主管机构力图建设四川以及陕西、湖南、广西工业区②,这当然会影响到聚集在武汉的各地工厂再次内迁的方向。内迁工厂大部分选择以四川特别是重庆为目的地,这样多数内迁工厂的再次内

---

① 该铭文见宜昌大撤退纪念园主题雕塑。
② 林继庸:《民营厂矿内迁纪略》,新新出版社1942年版,第7页。

迁就需要通过航道极其凶险的三峡段上运至川渝地区，而长江中下游轮船到宜昌后多数不能上驶，必须在此改装小轮，运输量由此大受影响。同时，大量内迁人员的运输也成为严重的问题。对负责内迁具体工作的工矿调整处而言，"最感困难不易调整者厥惟迁川之运输"①。从1938年7月起，聚集在宜昌候轮赴川的人员超过万人，兵工署、资委会和民营厂聚集在宜昌江边的货物堆积如山。武汉撤退后，宜昌情形更加危机，"当时积存宜昌的兵工器材，差不多有十三万吨，必须赶速抢运，当时川江水位已经开始枯落，宜昌重庆间轮船的总运量，每月不过六千吨"。②由于大部分轮船被兵工、军需两署统包，木船为避免各机关恃强抢用，多逗留在宜昌黄陵庙附近不肯东行，民营厂矿的器材运输更加困难。到1938年10月下旬武汉失守时，尚有九万吨以上的待运器材在宜昌滞留，全国兵工业、航空业、轻工业的精华均在其中。此时的宜昌城内，一片混乱，敌机不时临空骚扰，满街都是撤下来的惶恐不安的公职人员和难民。城外江边，从一马路到美孚油池密密麻麻堆满了从前方撤下来的器材，其中绝大部分没有装箱，敞露在地上，任凭风吹雨淋。

"宜昌混乱的秩序又让转运危机雪上加霜。驻宜昌的各轮船公司都塞满了来要船只的各部门人员，怀远路民生公司也被购票的人群挤得水泄不通，尤其是一些武装押运货物的单位，都向公司施加压力。有些押运军官气势汹汹，动辄以"贻误戎机是问"相胁逼，甚至对船岸人员打骂、恐吓。"③

为解决长江上游水上运输出现的混乱局面，国民政府决定成立军事委员会水陆运输管理委员会，任命交通部次长卢作孚为主任委员，驻宜昌主持指挥轮船运输。卢作孚能够依靠的运输力量主要是民生公司。此时的宜昌，由于汉口陷落，人心非常恐慌，秩序极为混乱，遍

---

① 中国第二历史档案馆编：《中华民国史档案资料汇编》第5辑第2编《财政经济》（六），江苏古籍出版社1997年版，第440页。
② 《战时后方水上运输是怎样维持的》，载《新世界》1944年第5期。
③ 袁清：《卢作孚与宜昌大撤退》，载《湖北档案》2015年第8期。

街皆是待疏散的人员，遍地皆是待内运的器材，加上争着抢运等原因，情形极为混乱。在这种情形下，卢作孚迅速与船舶运输司令部召集会议，并请各机关根据扬子江上游尚有四十天中水位的客观情形，安排分配轮船吨位。办法确定后，卢作孚召集聚集宜昌急待抢运相关物资的机关、单位的负责人员开会，宣布：从现在起自己亲自掌握运输计划的分配，保证四十天之内，运完滞留宜昌的全部器材，同时不允许到运输公司嚷着要提前运输，否则挪后装运。之后，运输秩序迅速改善，一切都按照计划进行，而卢作孚则每晚都要到江边码头视察计划执行情况。[①]卢作孚后来自己也回忆道：当时所定的办法是由各厂矿"各自选择主要器材，配合成套，先行起运，其余交由木船运输，或待四十天后，另订计划运输，如来不及，或竟准备抛弃。至于何轮装运何机关器材，由我帮助分配。各机关完全表示同意。于是开始执行，效能提高，不止加倍，四十天内，人员早已运完，器材运出三分之二。原来南北两岸各码头遍地堆满的器材，两个月后，不知道到那（哪）里去了，两岸萧条，仅有若干零碎废铁抛在地面了"。他还回忆说："由于扬子江上游滩险太多，只能白昼航行，于是尽量利用夜晚装卸，因为宜昌、重庆间上水至少需要四日，下水至少需要两日，于是尽量缩短航程，最不易装卸的，才运到重庆，其次缩短一半运到万县，再其次缩短一半运到奉节巫山，甚至于巴东。一部分力量较大的轮船，除本身装运外还得拖带一只驳船，尽量利用所有的力量和所有的时间，没有停顿一日，或枉费一个钟点。每晨宜昌总得开出五只、六只、七只轮船，下午总得有几只轮船回来，当轮船刚要抵达码头的时候，舱口盖子早已揭开，窗门早已拉开，起重机的长臂早已举起，两岸的器材早已装在驳船上，拖头已靠近驳船。轮船刚抛了锚，驳船即已被拖到轮船边，开始紧张地装货了。两岸照耀着下货的灯光，船上照耀着装货的灯光，彻夜映在江上。岸上每数人或数十人一队，抬着沉重的机器，不断地歌唱，拖

---

① 周仁贵：《光辉业绩永留人间——为卢作孚先生诞辰一百周年而作》，见政协重庆市北碚区委员会编：《风范长存》，1993年，第63—67页。

头往来的汽笛,不断地鸣叫,轮船上起重机的齿轮仿佛在不断地呼号,配合成了一支极其悲壮的交响曲,写出了中国人动员起来反抗敌人的力量。"[①]

经过几个月的奋战,宜昌的物资、人员全部抢运完毕。这次宜昌撤退抢运在中国抗日战争史上有相当重要的意义,著名教育家晏阳初称其为"中国实业上的敦刻尔克",是胜利的撤退,普遍认为宜昌抢运是中国抗战史上的一个奇迹。

国民政府授予卢作孚的勋章证书

在这场惊心动魄的大撤退运输中,卢作孚和他的民生公司向四川抢运了10万人、9万多吨工业物资,仅抢运出的军工相关设备就有以下单位的:兵工署第二厂、第二十三厂、第二十四厂、第二十五厂,金陵兵工厂,兵工署陕厂,兵工署巩县分厂,兵工署沛厂,湘桂兵工厂,南昌飞机厂,宜昌航空站,航委会无线电厂,航委会安庆站,扬州航空站,钢铁迁建委员会,申钢厂,大鑫钢铁厂,周恒顺机器厂,天元电化厂,新民机器厂,中福煤矿,大成纺织厂,武汉被服厂,武昌制呢厂,武

---

① 卢作孚:《一桩惨淡经营的事业——民生实业公司》,民生公司,1943年,第20页。

汉纱厂，等。另外，也抢运了国民政府诸多机关、科研单位、学校的设备，大量历史文物及1.5万名难童。

宜昌大撤退到1940年10月宜昌沦陷之间，民生公司又抢运了150余万难民及100多万吨物资。在物资大撤退及人员抢运过程中，民生公司遭到了巨大损失，做出了巨大的牺牲。据童少生回忆，民生公司有116人献出生命，61人伤残，16艘船只被炸残炸沉。所有的一切，人民会铭记于心。

一代船王：航运实业家

卢作孚，1893年4月14日（农历二月二十八日）出生于四川省合川县（现为重庆市合川区）北门外杨柳街曾家祠堂。其父卢茂林为贩布小贩，兄弟姐妹六人，家庭清贫，从小形成了勤劳、节俭、谦逊的品质。[①]

1907年，卢作孚小学毕业但因家中无力负担学费而辍学，只能自学，后一度在中学谋得数学老师职位。从1908年开始，他先后到成都、重庆、上海、泸州等地谋生，做过学徒和中学老师，参加过革命，做过政府教育官员，经历过军阀混战。过往的经历，不但铸就了他好学、勤勉、忠贞的性格，而且使他对中国的发展有了自己的见底，他力主新式教育，兴办实业，借此挽救利权，拯救国家。

1925年，32岁的卢作孚返回合川，结束了作为一个纯粹的职业教育工作者和民众教育运动倡导者的活动，开始兴办实业和科学文化教育事业。他对合川县城及嘉陵江三峡地区的社会及自然禀赋这些方面进行调查，于1925年出版了《两市村之建设》小册子。《两市村之建设》一方面提出将

卢作孚

[①] 卢国纪：《我的父亲卢作孚》，四川人民出版社2003年版，第5页。

合川涪江对面的南津街作为建设和改革的地方，以发展经济事业为基础，彻底改变城市的旧面貌；另一方面，介绍了嘉陵江三峡地区丰富的煤矿和森林资源，提出开发煤矿、森林和进行交通、治安建设的计划，以使这个地区成为一个发达的工业区和游览区。

1925年，卢作孚与好友黄云龙一起去重庆调查轮船运输业的情况。从调查中他发现，长江上游船运几乎为英商太古、怡和，日商日清，美商捷江等外国轮船公司控制；中国轮船为数较少，还因力量分散而被排挤，要兴办航运业困难较大。但当时长江上游各个轮船公司均以货运为主，并不重视客运，也无定期航线。于是，卢作孚打算创办航运业，以客运为主，实行定期航行，其根本目的在于服务社会、便利人群。同年10月11日，卢作孚与其他发起人在合川通俗教育馆内召开第一次发起人会议，决定：筹集股金2万元，分40股，每股500元，由各个发起人分头劝募；成立公司筹备处，卢作孚任主任。

整个筹备过程异常艰难，推进缓慢、甚至无法进行。筹备处的人员一律无工资，食宿均自行解决，卢作孚和黄云龙去上海购船的差旅费500元靠借贷凑齐。根据嘉陵江水浅流急特点，他们经过反复研讨，决定委托上海合兴造船厂制造一只载重70吨，长75英尺（22.86米）、宽14英尺（4.2672米）、深5英尺（1.524米），吃水较浅，马力较大的小客轮。该轮船造价3.5万元，而公司的股本总数仅2万元，实收仅8000元，在支付了合川水电厂5000元后，仅剩余3000元，卢作孚毅然决定将这3000元作为定金交付造船厂，回合川再设法募集资金。后来，由卢作孚的老师、合川县视学（教育局长）陈伯遵做担保，以借贷形式凑齐了船本金。

1926年6月，新造的客轮终于出厂。6月10日，卢作孚在重庆召开公司创立大会，确定公司的名称为"民生实业股份有限公司"（简称"民生公司"）。公司名称取自孙中山先生倡导的"民生主义"的"民生"一词，表明公司不单纯是一个经营航运的公司，而且是一个以发展国家实业为目的的公司，即以民生公司为中心，建立包括航运、工矿企业、科教文化等在内的一系列现代化事业，用这些现代化事业去影响社会，达到改变国家落后面貌，实现国富民强的目标。

民生公司的第一艘客轮——"民生"号

民生公司首先开辟了重庆到合川的定期航线，并制订新的轮船公司管理办法：船长和领航人员享受最高工资待遇，总经理还在其后；废除买办制，实行经理负责制，经理代表公司负责全船事务，包括安排座位、出售船票等；改进旅客服务制度，遵守顾客第一原则。在新的企业经营理念指导下，民生公司的业务开展得相当顺利，很快成为航业界冉冉升起的新星，揭开了川江航运史上的新篇章。①

1927年，卢作孚提议民生公司股额由原来的5万元增加到10万元，股本一收齐立即到上海订制新的浅水轮船。1928年春，民生公司订制的浅水轮船完工，该船载重仅34吨，吃水更浅，更利于在川江上航行，该船取名"新民"，加入重庆到合川的定期航线中。1929年，民生公司收购了谭谦禄的专门行驶在重庆到涪陵航线的120吨"长江"号轮船，开启了"三只轮船、两条航线"的航运新时代。既然无法对开，就采取循环航行办法：去程从涪陵出发到重庆，上水需时一天，然后再从重庆到合川，上水需时

---

① 卢国纪：《我的父亲卢作孚》，四川人民出版社2003年版，第6—72页。

一天；返程从合川到重庆，下水需时半天，然后再从重庆到涪陵，下水需时半天。①

1929年夏，卢作孚奉时任四川善后督办刘湘之命，出任川江航务管理处处长。卢作孚入职后，从整顿川江航务管理处衙门作风入手，大力整顿川江航运乱象。卢作孚一方面协调军事当局与中国籍轮船公司之间的关系，解决轮船公司的兵差之苦；另一方面，制止外国轮船公司的不法行为，维护中国籍轮船公司的利益。经过半年的不懈努力，几乎廓清了川江航运乱象。

《卢作孚年谱长编》书影

全面抗战爆发后，卢作孚毅然放弃欧洲考察，全力投身于抗战事业。战争爆发后，长江下游的江阴遭到封锁，通往上海的航线被切断，民生公司90%的业务流失，面临着严峻的生存危机。然而，卢作孚认为，战争开始了，民生公司的新任务也就开始了。在他承国民政府命令到南京参与草拟抗战总动员计划时，他即刻告知全体职工，民生公司应该首先动员起来参加战争。

1937年8月15日，国民政府成立抗战大本营，分设六部，第二部负责政略，张群、熊式辉先后任部长，周佛海、卢作孚任副部长。卢作孚一方面要主持草拟抗战总动员计划，另一方面又要组织民生公司的精干人员赴镇江，参与抢运内迁工厂的设备，从南京接运撤退的机关人员和学校的师生、仪器、图书，从芜湖接运撤退的金陵兵工厂，工作量之大超乎想象。

南京沦陷后，武汉成为全国的政治中心。1938年1月，卢作孚被任

---

① 卢国纪：《我的父亲卢作孚》，四川人民出版社2003年版，第87—88页。

命为交通部常务次长，兼任军事委员会下属水陆运输委员会主任，负责统一调度指挥长江上的一切民用船只。此时此刻，武汉拥挤不堪，从沿海地区撤退至武汉的工厂机件，急需继续运往西部；成千上万的从各地蜂拥而至的难民，急需疏散；几十万军队及其给养，亦需要从后方运到前线。卢作孚集中长江中下游的轮船，夜以继日地进行抢运工作。

1938年6月，安庆失守，武汉告急。内迁至武汉的机关、学校、工厂再次西迁，纷纷涌向川鄂咽喉重地——宜昌。卢作孚在《一桩惨淡经营的事业——民生实业公司》一文中讲道："在此刻，民生实业股份有限公司集中了长江中下游以及海运轮船等全部运输力量，将一切内迁人员和器材集中到了宜昌。"①随后，武汉沦陷，卢作孚又组织运力，在枯水期来临前的四十天内，将集中于宜昌的物资和人员安全运至四川境内。

在武汉、宜昌的整个大撤退中，卢作孚是总指挥，民生公司是主要运力。在卢作孚和民生公司的不懈努力下，成功保存了民族工业的命脉。大后方有了这些物资，才能迅速建立起新的工业基地，尤其是军事工业基地，对中国坚持持久抗战起到了重要作用。

到1947年时，民生公司拥有各种轮船120艘、驳船33只，总吨位5.8万吨，职工8.9万人，是一个包括航运、钢铁、机械、纺织、银行、保险、商业、文化等部门的庞大资本集团。从1926年开始，在短短的二十年时间内，民生公司，从仅有一艘载重70吨的"民生"小客轮，发展到拥有140余艘大小不等的客货轮，总吨位达到5万余吨，从嘉陵江发展到长江，进而开辟了沿海南北航线，最后伸展到越南、日本及东南亚的许多地区，不仅对中国航运事业做出了重大贡献，而且也被称为"世界航运史上的一个奇迹"。②

---

① 卢作孚：《一桩惨淡经营事的事业——民生实业公司》，民生公司1943年，第19页。
② 明星颖：《卢作孚先生的教育与实业》，见政协合川市委员会、中共合川市委统战部编：《纪念卢作孚先生诞辰一百周年专辑》，合川市人民印刷厂，1993年，第109页。

理想主义的实干家：北碚的新世界

　　1927年春，卢作孚担任嘉陵江三峡峡防团务局局长。嘉陵江三峡，是嘉陵江重庆至合川一段的三个峡谷——沥鼻峡、温塘峡、观音峡的总称。这个地区横跨江北、巴县、璧山、合川4个县，共计39个乡。峡谷陡峭，地势险要，唯有嘉陵江水路与外界相连。由于四川军阀割据，战乱频仍，兵痞盗匪乘机在此据险行劫，致使商旅难行，辖区民众苦不堪言。尽管早在1918年当地士绅便组织成立了峡防营，但是峡区的匪患问题始终未能解决，于是士绅们推举颇具才干的卢作孚担任局长，希望能根除这一顽疾。卢作孚早有开发峡区丰富的矿产及森林资源、建设嘉陵江三峡新区的宏愿，于是他接受这一极具挑战性的职位，从根治匪患、维护治安入手，以北碚为基地，筹建嘉陵江三峡新区。这个新区是集生产、文化、游览为一体的现代化新区。这里有丰富的矿产可由机械开采，可以修建铁路运煤，可以建设炼焦厂，生产焦炭、瓦斯和各种副产品；这里有丰富的石灰石，可以建立水泥厂；这里有一条山脉盛产竹子，可以建设造纸厂；为满足这些厂矿的用电需要，可以建立一个电厂，从而形成一个生产的区域。以培育职业技能、灌输新知识和集团生活的兴趣为中心，做民众教育的试验；以教授生产方法和创造新的社会环境为中心，做新的学校教育的试验；以调查生物和地质为中心，做科学应用的研究；设立博物馆、图书馆、动物园，以供人参观、学习。如果在山水间有这许多文化实业，可以形成一个文化的区域。凡有市场必有公园，凡山水雄胜的地方必有公园，凡有茂林修竹的地方必有公园,凡有温泉、飞瀑的地方必有公园,在山水间有了许多自然的美,再加上人为的布置,可以形成一个游览的区域。这就是卢作孚构想的嘉陵江三峡新区的未来模样,也是北碚的新世界。①

20世纪20年代的北碚仍是一个渔村,狭窄的石板路两旁,低矮、阴暗的房屋挤成一团,没有工厂,仅有几家茶馆、烟馆、糖果铺子。要建设北碚,首先需要大批人才。"大才过找,小才过考",卢作孚提出新的人才原则,要培育人才,解决乡村建设所需的人才问题。卢作孚根据事业需要,先后寻求过各种人才,比如担任公园布置的、警察训练的、民众教育的、学校教育的、金融管理的、企业经营的、科学研究的等等。另外,从1927年夏,卢作孚先后招收中学程度的青年500余人,办了学生队一、二两队,"少年义勇队"共三期,警察学生队一期。有了大批人才的支持,卢作孚首先从文化事业和社会公益事业入手,建设北碚。整顿北碚旧市场,拓宽马路,打造整洁街貌,获得民众的认可;免费帮助各乡场孩子种牛痘,赢得乡民的信任。

随后,卢作孚在北碚创办了地方医院、饮水消毒站、图书馆、博物馆、动物园、公共运动场、嘉陵江报馆、温泉公园、民众学校、报刊阅览处、民众问事处、职业介绍所等一系列公共事业,仅仅用了两年时间,就让北碚变了模样,变成一个初具规模的集生产、文化、游览为一体的新北碚。

1930年春,卢作孚率领由民生公司、北碚峡防局以及北川铁路公司等三个单位组成的考察团,到华东、东北、华北实地考察,结识了有益于事业发展的诸多友人和社会名流,如黄炎培、蔡元培(旧识)、李石曾、丁在君、翁文灏、秉农三、张伯苓、张季鸾、任叔永等人,整个考察活动均集中在解决各个事业发展的具体问题上。②为了推动民生公司发展,他们集中考察了轮船和造船厂;为了推动北碚工业进步,他们集

---

① 卢作孚:《中国的建设问题与人的训练》,生活书店1943年版,第60—62页。
② 高孟先:《卢作孚与北碚建设》,见中国人民政治协商会议全国委员会文史资料研究委员会编:《文史资料选辑》第74辑,文史资料出版社1981年版,第102—104页。

中参观了纺织厂、发电厂、煤矿公司、水泥厂等，为天府煤矿购买了机器设备和材料；为了促进北碚地区农业改良，他们集中考察了浙江、江苏两省昆虫局，江苏各地的农业试验场、病虫害研究中心、农村灌溉和新品种试验基地，采购了意大利种鸡、法国梧桐和鸣禽动物等；为了推动科教文化发展，他们特意调研了南京中央研究院、国立中央大学、金陵大学、北京静生生物调查所、南开大学等科研单位，为即将创建的北碚中国西部科学院采购各种试验仪器和药品。

中国西部科学院是卢作孚创建的中国第一所民办科学院。

中国西部科学院旧址（北碚）

20世纪初，中国国内出现各种以考察自然、探讨学术为使命的科学研究机构，如中央地质调查所、中央研究院、北平研究院、北京静生生物调查所、热带病研究所、中央工业实验所、中央水工实验所、中央农业实验所以及各大学附属研究所等。这些机构致力于培养人才，致力于科学研究活动，推动了中国现代科学事业的兴起和发展。

素有"天府之国"之称的四川，森林茂密，矿藏丰富，农牧发达，不断有中外学者到四川进行科学考察和资源调查活动。中国科学事业的发展趋向以及各种科研机构入川的调查行动，促使卢作孚成立属于西部的科研机构，推动西部地区的科学事业发展，服务于该地区的经济开发活动。"比年以来，四川各界人士及军政当局、中外学者，鉴于吾国西部各省，物产丰富，幅员辽阔，不但为西南屏障，且与东北各省同等之价值，爰议设立研究机关于巴县北碚乡，定名为中国西部科学院，从事于科学之探讨，以开发宝藏，富裕民生。"[①]

1939年4月，中国西部科学院对其自创办至1938年间的工作进行了总结："四川幅员广大，物产丰盈，千年以前，即有天府之称。迄于今日，整理开发，尚在萌芽。"

早在五四运动时期，卢作孚就认为科学的发达与否事关现代社会的进步与落后。在北碚开展乡村建设时，他迫切希望能够运用科学技术来进行指导，有效开发西南地区的丰富资源，富裕民生。1928年夏，中国科学社派遣动植物专家到达四川，由卢子英率领学生义勇队30余人随同赴峨眉山、大小凉山一带做动植物采集和社会调查。之后，陆续派出一批批人员陪同中外专家到西南、西北地区进行考察。1930年春夏的实地考察，进一步推动了中国西部科学研究院的筹设工作。考察团出川时，携带了大批植物和部分昆虫、矿物标本，以及凉山彝族的生活物品，与南京中央研究院、中国科学社、金陵大学、国立中央大学等交换了植物标本，与浙江、江苏两省省立昆虫局交换了昆虫标本，在上海、东北等地征集标本、采购仪器及药品，聘请了化学、农学、教育等专门人才。

1930年9月，中国西部科学院在北碚正式成立，该院下辖工业化验所、农业试验场、兼善中学、博物馆等四个单位。中国西部科学院设立董事会、行政会、院务会三级会议制度。董事会是中国西部科学院的最高研究机构，董事无固定名额，多是社会名流和公私机关的领导人，也是中国西部科学院的资助人。中国西部科学院的董事长是刘湘，副董事长是郭文钦、甘典夔，董事有刘湘、郭文钦、甘典夔、康心如、杨粲三、温少鹤、何北衡、汤壶峤、任望南、周季悔、郑璧成、刘航琛等，

---

① 曾妍、王志民、袁佳红主编：《中国战时首都档案文献·战时科技》（上），西南师范大学出版社2017年版，第451页。

多为川渝军政界、财界、教育界的头面人物。卢作孚被选为中国西部科学院院长。

中国西部科学院是个新兴的事业机构，为了发展好它，必须保证其运营资金充足。卢作孚为此尽心尽力，筹集了大量资金。一方面，从其所经营的民生公司、北川铁路公司、三峡染织厂等企业先后筹集15万余元资金；另一方面，他四处化缘，在随后几年里，从国民政府实业部、四川省教育界、四川省军政界、四川省金融界等获得的捐款和补助达10万元。另外，卢作孚说服四川军阀杨森捐款修筑中国西部科学院主楼——惠宇楼。在卢作孚的不懈努力下，中国西部科学院运营资金充足，在1931—1933年间获得长足发展，不仅增添了各种研究所需的图书、仪器、化验药品等，而且聘请了十余名专职研究人员，从事调查活动，发展附属事业。1932年，卢作孚邀请张博和任兼善中学校长，并代理中国西部科学院院长兼总务主任职务。张博和不仅治学严谨，而且积极筹组兼善公司，兴办兼善农场、兼善公寓、兼善餐厅等企业，从而为兼善中学和中国西部科学院提供了一定的保障。[①]

1933年夏，在卢作孚的不懈努力下，中国科学社年会在北碚成功举行。卢作孚动员中国科学社的会员到南京、上海集中，然后用民生公司的轮船迎接他们到北碚，在北碚温泉公园成功举行了年会活动。该活动极大地改变了他们对四川动乱、落后的观感，使他们对四川的建设有了新的认识，这极大地推动了中国西部科学院与国内学术机构之间的合作及联系。中国科学社的会员们回去后，积极组织各种委员会为建设四川进行调查、研究、计划工作。在1934—1937年间，中国西部科学院得到了进一步的发展：理化研究所先后化验川康焦煤及各种工业原料矿产标本达5000余种；地质研究所先后在西南各省采集的动植物标本合计达10万号以上；农林研究所积极对农作物进行培育试验，并引进优良品

[①] 赵宇晓、陈益升：《中国西部科学院》，载《中国科技史料》1991年第12卷第2期。

种。①全面抗日战争爆发后，因经费无着落，中国西部科学院所属的农林、生物两研究所基本停顿，而理化、地质两所也在艰难苦撑。

全面抗日战争期间，政府机关、学校及科研文化机构等前往北碚者达百余家。到1942年时，北碚有一所大学（复旦大学），六所独立的学院，七八所中学，其他科研机构如中国科学社生物研究所、南京中央研究院动植物研究所、农林部中央实验所、经济部矿所、中央地质调查所、中国地理研究所等十多家。北碚成为战时后方的一个重要的科学、文化和教育的中心。比如，1937年11月，国民政府经济部中央地质调查所奉命西迁，代所长黄汲清在卢作孚和卢子英（时任嘉陵江三峡实验区区长）的盛邀下选择迁到北碚。在卢作孚的协助下，同年12月，该所的202箱书刊、标本顺利从南京运抵长沙；1938年7月，武汉告急，在卢作孚的再次帮助下，该所顺利迁到重庆市内，本打算在市内办公但因市内房屋紧张及空袭原因，只好按最早的想法再迁北碚。卢作孚借出中国西部科学院办公楼作为该所的办公地点，同时又在中国西部科学院内借地皮供其建筑新楼。中央地质调查所在卢作孚的倾力帮助下顺利西迁，科研工作的连续性也得以保持，为战时的地质事业发展做出重要贡献。这些科研机构，在卢作孚的大力协助下，在战时延续了相关科学事业的发展。②

---

① 高孟先：《卢作孚与北碚建设》，见中国人民政治协商会议全国委员会文史资料研究委员会编：《文史资料选辑》第74辑，文史资料出版社1981年版，第108页。
② 侯江：《中国西部科学院研究》，中央文献出版社2012年版，第194—209页。

卢作孚追求的现代化

根据世界各国经济发展大势以及对国家建设路径的理解，卢作孚确定了一条他自己认为最快的国家建设道路，即希望通过大力发展工业达到建设现代化强国的目的。战前，卢作孚利用三峡地区的资源优势，筹建了民生机器厂、三峡染织工厂、北川铁路公司、天府煤矿公司等企业；战时，他积极注资渝鑫钢铁厂等多家内迁企业，积极推动后方工业发展，践行其工业化的追求。同时，他认为大力发展工业达到国家富强，已经到了刻不容缓的地步了。"最可贵的是时间，最可怕的是时间之快。……中华民国尽管一切不前进，或前进甚缓慢，然而时间则前进二十三个整年了。平常不觉得，回顾乃知道有惊人之快。如果这样宝贝是只让我们玩味的，我们纵在一个社会状态里留连几千年，再留连几千年，也不成为严重的问题。然而一到现世界，许多民族活动都在时间上比赛，只要时间进一步，他们便进一步，他们尽量运用时间，时间亦不辜负他们。你看：美国独立才好多年！德国崛起才好多年！日本维新才好多年！就欧战以后说：苏俄才几年！意大利才几年！土耳其才几年！他们在很短时间里，都由乱到治，由破坏到建设，由削弱到健全。尤其是五年计划，四年完成，不单是口号，而且成为事实。这是如何的决心战胜了时间！……我们不但坐看着时间流得那样快，而且坐看着许多没有办法的国家在这时间有办法了；自己问题却一天比一天严重，比历史上任何一天严重呵！到底该怎样办？应该急起直追，把握住时间，把一点一滴的时间都用在所在的社会，乃至于所在的国家，尽可能的程度有计划的将所在的社会乃至于所在的国家弄好起来，这是整个国家的人们应追求的目的地。……决不容许你等待，亦不容许你迟疑，因为你的时间是不断地前进的。如何把握住时间呵？朋友们！尤其是共同工作的朋友们！"①

至于如何进行工业化，卢作孚认为首先是筹建集团企业，推动各项现代化事业向前发展。"中国的根本办法是建国不是救亡；是需要建设成功一个现代的国家，使自有不亡的保障；是要从国防上建设现代的海陆空军，从交通上建设现代的铁路、汽车路、轮船、飞机、电报、电话，从产业上建设现代的矿山、工厂、农场，从文化上建设现代的科学研究机关、社会教育机关和学校。这些建设事业都是国家的根本，然而建设现代的集团生活更是建设一切事业以至于整个国家的根本。在现代的集团生活没有建设成功以前，是不容易看见上面那些许多建设事业的"。②

为此，1925年，卢作孚筹建民生公司，以此为基础，创试现代集团企业。1928年，卢作孚鉴于长江上游船舶修理极其不便，于同年在重庆江北青草峡成立了四川第一个船舶修理厂（即后来的民生机器厂）。1930年9月，卢作孚将工务段改组成三峡染织工厂，将以前做工的士兵全部转成工人，并吸收一些无业的贫民。北碚的纺织工业由此迈出了现代化建设的第一步。

1934年1月29日，卢作孚在《大公报》上发表《从四个运动做到中国统一》一文，明确指出"内忧外患是两个问题，却只须一个方法去解决它，这一个方法就是将整个中国现代化。换句话说：就是促使中国完成现代的物质建设和现代的社会组织"；而实现"中国现代化"的具体实施步骤，则是开展四种运动：产业、交通、文化、国防等四个方面的运动，也即产业现代化、交通现代化、文化现代化、国防现代化。③由

---

① 卢作孚：《如何把握住时间呵！》，载《新世界》1935年第62期。
② 卢作孚：《中国的建设问题与人的训练》，生活书店1934年版，第84页。
③ 凌耀伦、熊甫编：《卢作孚集》，华中师范大学出版社1991年版，第207页。

此"可见,卢作孚所说的'中国现代化'是包括了国民经济和国防的各部门的全面的现代化,是使整个物质生产领域发生一个根本性的质变,由传统的农业社会转变到现代的工业社会的深刻变革"。①

民生公司的主要轮船

全面抗日战争爆发后,内迁的多家沿海工矿企业遇到运输、资金、复厂重建等重重困难,卢作孚及民生公司,义不容辞地抢运物资、注入资金,帮助这些有困难的工矿企业向西迁移,并以最快的速度在后方重建,投入生产。在其协助的众多企业中,渝鑫钢铁厂股份有限公司最有代表性。

渝鑫钢铁厂股份有限公司(简称"渝鑫钢铁厂"),是抗战时期大后方中的大型民营钢铁工业企业。该钢铁厂的前身是1933年在上海筹建的大鑫钢铁厂,1937年8月由上海迁武汉,在此因与重庆民生公司合作而改组,之后又奉国民政府令迁重庆复工,抗战胜利后,其负责人余名钰回到上海,并立誓重整在上海的事业,但渝鑫钢铁厂的主体部分仍留在重庆。

---

① 周振华、周九红:《从发展交通运输业开始进行现代化建设——卢作孚经济思想的重要特点》,见凌耀伦、周永林编:《卢作孚研究文集》,北京大学出版社2000年版,第138页。

大鑫钢铁厂负责人余名钰是浙江镇海人。他毕业于美国加利福尼亚大学，获冶金学硕士学位，曾任黑龙江关都金矿工程主任，云南东大铜铅矿协理兼总工程师，云南大学主任教授兼代省府交通司司长，上海南昶炼钢厂总工程师，大鑫钢铁厂股份有限公司总经理兼总工程师，重庆大学矿冶系主任兼教授等。企业内迁后，余名钰任渝鑫钢铁厂股份有限公司总经理兼总工程师，中国金属制片厂股份有限公司董事兼顾问、工程师，清平炼铁厂股份有限公司董事长。他曾就内迁一事写报告如下：

大鑫钢铁工厂股份有限公司总经理余名钰申请内迁报告[①]

（1937年8月5日）

呈为密呈事：窃以用兵有赖运输，我国工业落伍，无相当之炼钢厂。一旦大战开始，后方对于运输机件之修理补充，定有大感缺乏之虞。查商厂成立不过四年，对于火车上所需之钢铁材料，已经全国各铁路采用，坦克车配件亦经交辎学校试用，合宜即改制其他，亦能应军用上之需要，如飞机炸弹钢壳，亦曾代兵工署上海炼钢厂制造二千余枚。在此最后关头，深愿全厂已经训练之职工与齐全之设备为国家效力，担任运输机械方面钢铁材之供给。但商厂因就交通之便利设于沪东之虹口区域中，早已为日人所注目，前曾以利相诱，今则据传已经列入被毁之列，即不然而被武力管束，非被利用，亦必禁止生产或截留成品，不准运送，则亦无从奋斗尽职矣。倘海运被阻，一切材料往昔尚可向各国订购者，届时则全赖自给。仅就过去一年间危局未曾临头之时，商厂已供给各铁路之铸钢车辆材料，在国币一百万元左右，一旦无法运送，铁路材料即有缺乏供给之虞，其影响运输实可深虑。为此惟有呈请钧会

[①] 中国第二历史档案馆：《抗战时期工厂内迁史料选辑（一）》，载《民国档案》1987年第2期。

指定办法,将商厂在最短期间中移设内地,庶能尽供给铁钢材料之职。此其一也。再查商厂因承办铁道部自制新车一千辆之铸钢材料,虽交货日期订定来年三月,但因各国备战,炼钢材料多已禁止外运。商厂事前及此,已将锰、锡、镍、铬等各种配剂,存储齐全,足敷一年之用。一旦被人攫取,金钱上损失尚属其次,其为各国禁运物品不易购办,为可虑耳。是以不得不呈请钧会指示办法,将商厂所备之特种原料,火速运存内地,则炼制钢铁即可无配剂缺乏之虑矣。此其二也。更有进者,商厂深虑国内之废钢旧铁北运转口,故于数日以来,即着手搜集存储在二千吨以上,除一部分业经熔炼外,至本日止,尚存一千五百余吨。因限于财力不能继续尽量吸储,以致市上堆而未售者,尚有数千吨之多。倘不设法收买,定必转手资敌,不然即存积沪上,亦决难接济于万一也。在大规模炼钢厂未曾设立之先,废钢旧铁实为炼钢之唯一原料。若不设法预为存储,则即保有炼炉,亦有巧妇无米之炊。惟有呈请钧会妥筹办法,将沪上所有废钢旧铁尽量收集,以特许办法,免除请领护照等手续,迅速运存内地以资制炼。此其三也。寇深时危,敬请钧会迅赐示导,使民间实力得以保全,长期抵抗得以达到最后胜利之的。实属迫切待命之至。谨呈

资源委员会委员长蒋

大鑫钢铁工厂股份有限公司总经理余名钰

在迁川工厂中,大鑫钢铁厂是相当幸运的。该厂没有在迁川途中受到严重的损失。在七七事变前一个月,余名钰就已呈请内迁,1937年7月28日就奉令迁鄂。但是八一三事起仓促,原有900多名员工,大半星散,到9月间启程迁汉,仅有职工300多人。当时,依照国民政府的指示,在武昌簸箕山圈地建厂。同年10月初,机件到武汉,在搬运期间,

又奉令移炉大冶，限期产钢。同年11月，上海沦陷，南京告急，大鑫钢铁厂又奉令迁渝。仓促之间进退维谷，而此时，四川省主席刘湘欢迎各界共同开发四川，在此号召下，余名钰最终决定将工厂转迁重庆。于是中止移炉大冶，停止武昌的建厂工程，重整全厂的机器物资，办理西上的运输手续。

渝鑫钢铁厂电炉车间（1943年）

长途迁移急需大笔现金，而大鑫钢铁厂经过数月的搬运，原先的政府津贴和低息贷款早已所剩无几，再也无力负担这笔费用。同时，运输所需的大量船只，在仓促之间实在无法凑齐，而国民政府因战事吃紧根本无法再有支持民营工厂的实际行动。在此艰难情况下，卢作孚伸出援手，1937年11月，民生公司与大鑫钢铁厂签订合同，由民生公司加入50%的资本，并提供大鑫钢铁厂迁移所需的船只。大鑫钢铁厂和民生公司订立合资营业合同，成为民生投资事业系统之一，奉令更名为"渝鑫钢铁厂股份有限公司"。[1]在1000万元资本当中，卢作孚的民生公司投下了390多万元。

经济部工矿调整处关于大鑫钢厂更名为
渝鑫钢铁厂股份有限公司的批文[2]
（1938年10月9日）

具呈人：大鑫钢铁渝厂股份有限公司

九月三十日呈一件为本厂改称渝鑫钢铁厂股份有限公司，对于原有一切债务债权等项仍继续负完全之责，祈鉴核由；呈悉。查该厂改称"渝鑫钢铁厂股份有限公司"准予备

---

[1] 苏智良等编著：《去大后方——中国抗战内迁实录》，上海人民出版社2005年版，第75页。
[2] 《经济部工矿调整处关于大鑫钢厂更名为渝鑫钢铁厂股份有限公司的批文》（1938年10月9日），重庆市档案馆馆藏档案，渝鑫钢铁厂全宗，档案号：0194-2-317。

案，惟该厂前向本处签借20万元契约二纸，现既更易厂名，自应改订新约以清事责，仰即派员来处办理。再呈称印鉴二份未据。此批。

处长　翁文灏

渝鑫钢铁厂设总公司于重庆，设工厂于巴县龙隐镇土湾，公司营业范围如下：炼制普通钢合金钢及铸钢；轧制钢板圆钢地轴竹节钢及各式钢条；铸制普通铁强性铁及合金铁；铸制马铁及铜铅等各种合金；制造各种机器锅炉及承办各式钢铁桥梁建筑。公司股本总额为法币120万元，分为12,000股，每股100元，一次缴足。①总分厂自购基地百余亩，建有厂屋20余幢，总厂内分设炼钢、轧钢、机工、拉丝制钉、红炉、炭精六部门。江北分厂设轧钢、机工两部门，江家沱分厂设轧钢机及马丁炉各一座。全厂动力均由电力公司供给，如遇停电由自备之小型发电机补充之。原料主要为煤焦生铁，大部由自办矿厂供给，不足向市收购，其他配料及材料亦力谋自给。该厂生产可分为四类，即钢铁铸制、机器修造、拉丝制钉、炭精制造。产钢能力月可千吨，现限于销路实产不足百吨；机器修造以往专为充实本厂设备，现已开始为外界服务；拉丝制钉因该厂自产钢圆品质太脆，尚不能开制三寸以下细钉，三寸以上者每日最高可产一吨；至炭精制品已正式生产。钢铁产品主要销路均为政府机关，民营各机器厂及纱厂所购甚微，故销路不旺。②

渝鑫钢铁厂董事长为卢作孚，总经理为余名钰，下设总务、业务、会计、出纳、冶务、工务六组，总分厂职员百余人，工人约千人。1944年，渝鑫钢铁厂董事有余名钰（本厂总经理）、王霍（金城银行经理）、余名铨（前大鑫厂董事）、戴自牧（金城银行经理）、方子重（前大鑫厂董事）、郑璧成（民生公司船务处经理）、徐国懋（金城银行经理）、郑东琴（民生公司董事长），监察有方余修（前大鑫厂

---

① 《渝鑫钢铁厂股份有限公司章程》，重庆市档案馆馆藏档案，渝鑫钢铁厂全宗，档案号：0194-2-6。

② 《渝鑫钢铁厂调查报告提要》（1943年11月），重庆市档案馆馆藏档案，交通银行重庆分行全宗，档案号：0288-1-156。

监察)、杨成贵(民生公司船务处副经理)、洪衡名(金城银行副经理)、彭瑞成(民生公司会计处经理)。①

1938年2月,几经波折的渝鑫钢铁厂终于建成投产。作为后方最大的民营钢铁厂,渝鑫钢铁厂先后设立了机器、木工、炼钢、锻钢等分厂,以制造军火为主,主要生产炸弹、手榴弹和山炮等,为后方民族工业的发展做了较大的贡献。1939年后,渝鑫钢铁厂又逐渐转向民用生产,其产品不仅以种类多而著称,产量也较高。1942年1月14日,周恩来在参观渝鑫钢铁厂后,为之题词:"没有重工业,便没有民族工业的基础,更谈不上国防工业,渝鑫厂的生产已为我民族工业打下了初步的基础!"②"该厂为后方民营冶炼业之巨擘,迁川以来贡献甚大,唯该业目前所感受之困难甚多,如资金短绌,技工缺乏,电力不足,销路无定,原料燃料之不合,材料工具之奇缺,大部分均非该厂本身所能单独解决。"③

战时,卢作孚的工业化追求更加强烈,其工业建国理想也愈加坚定、成熟。1944年9月,卢作孚发表《论中国战后建设》一文,指出现代化国家包括政治、经济和文化三个方面的现代化,"中国要工业化是要一切产业都工业化,是要工业机械化,要用机械代替手工,使有大量的生产,标准的生产和成本低廉的生产,要用工业解决一切生产问题、农业问题、林业问题、渔牧问题、矿冶问题;一切交通问题、铁路、公路、航路运输问题、电报电话通讯问题;乃至于一切建设的问题。政治建设问题,文化建设问题;增进人民的富力,提高人民生活水准,巩固国防力量的基础"。④

通过建设民生实业集团,卢作孚从轮船运输业入手,进而广泛涉猎各种实业,并在嘉陵江地区进行乡建实验,走出了一条他自己认定的工业化强国道路。商而优则仕,用仕于商,从嘉陵江三峡峡防团务局局

---

① 《渝鑫钢铁厂股份有限公司董监事及主要职员名录》(1944年),重庆市档案馆馆藏档案,渝鑫钢铁厂全宗,档案号:0194-2-1。
② 载1942年1月15日《新华日报》。
③ 《渝鑫钢铁厂调查报告提要》(1943年11月),重庆市档案馆藏档案,交通银行重庆分行全宗,档案号:0288-1-156。
④ 凌耀伦、熊甫编:《卢作孚集》,华中师范大学出版社1991年版,第429页。

长到四川省建设厅厅长,从交通部次长到全国粮食管理局局长,仅有小学文凭的卢作孚,通过自身努力,从科级干部到正部级高官。他在每个位置上均以追求政治良治、勤勉实干而著称,且他从未留恋任何一个官位,反而合理运用政治资源,服务于其一生不懈追求的工业化强国理想。

第三章

翁文灏的工业建国梦

近代地质学是较晚进入中国的一门学科，但它对近代社会发展的重要性却是不言而喻的。"工业之源泉，如铁、铜、铝、石料、粘（黏）土等项，动力之源泉，如煤、石油、水力等，莫不赋生地内，而与地质学有密切之关系。……至于土壤、水源及肥料三者，俱属地面或地壳成分之一部，故欲善为利用，亦非有地质学之指导不可也。"19世纪初，西方的地质学者开始进入中国这片广袤的天地。甲午战争后，随着外国资本进入中国开发矿产、兴办工厂、修筑铁路，中国对矿产的调查与开发也逐渐发展起来。

地质学家翁文灏

早期较为重要的地质调查有：美国人庞培勒1862—1865年在华东、华北调查地质矿产，出版了《中国、蒙古及日本的地质地理》；德国人李希霍芬1860年、1868年两次来华，1875年出版四卷本《中国》；奥地利人洛川于1877—1880年考察长江下游、甘肃、四川、云南等地，著有多册地质报告论述西南地质；美国人维里士于1903—1904年考察了中国七省，于1907年出版了《中国地质研究》一书。[①]

章鸿钊

1912年，中华民国南京临时政府刚一成立，便在实业部矿物司下设了"地质科"。章鸿钊应时任南京临时政府实业部农务司司长陶俊人的邀请，赴南京出任实业部矿物司地质科科长，由此开启了中国的地质事业。章鸿钊（1877—1951），字演群，1877年生于浙江吴兴（今湖州），地质学家、地质教育家、地质科学史专家，中国科学史事业的开拓者。1904年入南洋公学，1908年留学日本，先入京都第三高等学校，后进入东京帝国大学（今东京大学），跟随日本地质学创始人小藤文次郎学习地质。1911年毕业回国，在京师大学堂讲授地质学。

---

① 王子贤、王恒礼编著：《简明地质学史》，河南科学技术出版社1983年版，第201—202页。

当时的中国，真正学地质的人寥寥无几，不管是为了进行地质科的工作还是为了发展中国的地质学研究，都需要培养专业的地质人才。作为地质科的科长，章鸿钊呈请实业部部长行文各省征调相关的人员。由于突如其来的政局变化，章鸿钊之前为地质学发展所提出的计划与建议，除征调人才的咨文外，其余都未能实行。政府此时无暇关心学术发展，急需的只有实际效益，因此关于地质科的相关事务，政府当局也是"举棋不定，异议蜂起"[①]。章鸿钊深受其苦，遂借故辞去了地质科的职务，改由丁文江继续主持。

丁文江，字在君，1887年生于江苏泰兴，是中国地质学的奠基人之一。1907年进入英国的格拉斯哥大学学习动物学与地质学，1911年学成归国，1912年任教南洋中学，1913年接任地质科科长，继续章鸿钊的工作。作为同样具有学术背景并出任政府行政人员的学者，丁文江在接任地质科后也开始有计划地发展地质学。他提出："调查地质与普通行政侧重簿书者不同，必须有专门设备及特别组织方可进行，以是各国制度莫不设立专所"，将地质调查所与一般的行政机构区别开来，因此地质科于1913年改名为地质调查所。[②]

丁文江（邮票）

1916年1月，原本属于矿物司的地质调查所开始独立预算，并改名为"地质调查局"，迁入北京丰盛胡同3号及兵马司9号附属房屋，由矿政司司长张轶欧兼任局长，分设编译、地质、矿产三股。编译由丁文江担任，地质股和矿产股则分别由章鸿钊和翁文灏担任。虽然地质调查局局长为张轶欧，但实际上在地质调查局主事的仍然是丁文江。

---

① 章鸿钊：《六六自述》，武汉地质学院出版社1987年版，第31页。
② 邓怡迷：《在行政与学术之间：中央地质调查所研究（1916—1945）》，西南大学硕士论文，2016年。

农商部地质研究所教员与毕业生留影

  1916年地质研究所唯一的一批学生26人刚好毕业，其中叶良辅、谢家荣、朱庭祜、李学清、刘季辰、赵汝钧、赵志新、王竹泉、李捷、仝步瀛、周赞衡、卢祖荫、谭锡畴等十余人进入了当时的地质调查局担任调查员或练习员。这些人大多数后来都从事地质工作，并成为中国有名的地质学家。是年10月，地质调查局再次改名为地质调查所，并公布了《地质调查所章程》。该章程是地质调查所历史上第一份正式章程，由当时的总统黎元洪直接批准，其标志着地质调查所的正式成立。

  翁文灏（1889—1971），字咏霓，又字永年，号悫士，浙江鄞县（今属宁波）人，是与章鸿钊、丁文江齐名的中国著名地质学家，是中国现代科学事业的重要倡导者、组织者、领导者，是中国地球科学特别是地质学、地理学的主要创建人和奠基人，对中国地质学教育、矿产开探、地震研究等方面有杰出贡献。1913年，翁文灏获得比利时鲁汶大学地质学博士学位。[1]翁文灏在中国地质学领域创造了多个第一：他是中国第一位地质学博士（1913），是中国第一本《地质学》讲义的编写者（1914），是中国第一部地质专报——《中国矿业纪要》的创办

---

[1] 李学通：《书生从政——翁文灏》，兰州大学出版社1996年版，第16页。

农商部地质调查所图书馆陈列馆开幕典礼摄影

者之一（1916，与丁文江共同创办），是中国第一本矿物学专著《中国矿产志略》的作者（1919），是中国第一张彩色中国地质测量图的编制者（1919），是中国最早考察地震灾害并出版专著的作者之一（1922，《甘肃地震考》等），同时，翁文灏还是第一位代表中国出席国际地质大会的代表（1922），是第一位系统而科学地研究中国山脉的中国学者（1925），是第一位对中国煤炭按化学成分进行分类的学者（1926），是燕山运动及与之有关的岩浆岩和金属矿床的区域成矿理论的首创者。特别应该提及的是，翁文灏还是中国第一个油田（玉门）勘探与开采的组织者与领导者。

　　翁文灏是书生从政，但深得政府信任。战时执掌国家重要的资源机构——资源委员会，构筑了战时中国工业体系，为抗战胜利和中国工业发展做出了不朽的贡献。

　　1913年，翁文灏参加留学生文官考试，名列第一，分配到农商部任签事。1913—1915年间，翁文灏任章鸿钊主持的农商部地质研究所教师，同时，也兼任丁文江主持的农商部地质调查所教师。1922年，翁文灏代理丁文江地质调查所所长一职。1926年6月，被农商部正式任命为地质调查所所长。①翁文灏根据地质调查实际工作需要和学科发展特点，对地质调查所的组织体制和机构设置进行了较大调整，取消了行政体制形式，建立了以研究室为基本研究单元的学术体制，相继组建了古生物、矿物岩石、区域地质、新生代、制图、土壤、地震、燃料以及工程地质等研究室，从根本上完成了地质学学科布局，并先后于20世纪20年代末和30年代初组织了几次大规模的实地调查。②1927年，南京国民政府刚成立之时，地质调查所并未因新政府成立而得到更多的资助，反而因农矿部经费支绌，地质调查所所获经费日渐减少，不得已只能依靠中华教育文化基金会或社会、个人的捐助来维持生存。为此，翁文灏亲赴南京，与当时中央研究院院长蔡元培协商，得到了蔡元培的大力支持，双方达成协议：由中央研究院提供资金，地质调查所提供人员，双方共同合作研究，中央研究院与农矿部共同管理地质调查所。到1929年冬，中央研究院因故停止了对地质调查所的拨款，地质调查所转而以协助成立地质学研究所的方式与北平研究院协商合作。从1930年3月开始，北平研究院为此提供了一定的经费。同年年底，国民政府改组，农矿部与工商部合并为实业部，地质调查所改称"实业部地质调查所"，合并后的实业部对地质调查所拨付的经费开始增多，由农矿部时期的3000元左右增加到6000元，加上北平研究院每年补贴经费2000元及中华教育文化基金会的补助金，地质调查所的经济状况开始好转。③

翁文灏除了成功经营地质调查所，

翁文灏

---

① 翁文波：《地质学家翁文灏》，载《中国科技史料》1982年第4期。
② 国连杰：《丁文江、翁文灏与地质调查所的科学文化》，载《科学文化评论》2012年第9卷第3期。
③ 张九辰：《地质学与民国社会：中央地质调查所研究》，山东教育出版社2005年版，第24—26页。

还卓有成效地开展了地质学研究，提出一系列重要的学术新解，在地质学、地理学各分支领域，特别是矿床学、构造地质学、地震地质学、沉积学、山志学、地图学等方面，都做了很多开创性的工作，取得了辉煌成就，如著名的有燕山运动学说、中国金属矿床分带理论等等。

左起：章鸿钊、丁文江、翁文灏

创立东亚燕山运动学说。1926—1929年间，翁文灏发表系列中国东部地壳运动论文，创立了东亚燕山运动学说，即阐明亚洲东部侏罗纪和白垩纪间有造山运动。这一造山运动在中国东部及印尼各岛屿均非常明显，不过，国外学者受欧洲阿尔卑斯运动的成说所限，极少注意。系列论文发表后，引起国外学者的广泛关注，一致认同这一学说。这一学术理论至今仍是中国和东亚构造地质学中的重要篇章。[1]

创建中国矿产区域论。1926—1930年间，翁文灏发表一系列关于金属矿分布规律及特点的学术论文，从理论上探讨了中国南部金属矿分带问题，指出锑钨钼带、铜铅锌带、锑带、汞带的存在。他还将中生代花岗岩分为以长江中下游为代表的和铜铁相关的偏中性花岗岩与以岭南为代表的和钨锑有关的偏酸性花岗岩两个类型。他最先提出岩浆岩成矿专属见解，阐明了砷矿物在成矿系列中的位置，形成了中国最早的成矿系列概念。翁文灏成矿规律的论述，为中国开拓了一个新的研究方向，对后来的地质学影响深远。

提出地震起源的构造成因论。翁文灏很重视中国地震历史研究，并初步提出了中国地震区划的大体轮廓，他在一系列论文中，评述了甘肃地震的频度和烈度，并列出了比较详细的地震分布表。在《中国某些

---

[1] 潘云唐：《翁文灏年谱》，载《中国科技史料》1989年第4期。

中国地质科学界主要奠基人合影

地质构造对地震之影响》一文中,他绘制了一张较为合理的地震分布图,突出了大地震和活的大断裂之间的密切关系。另外,翁文灏按照新构造特点,划分出四类地震带:①导致地面沉降的垂直断裂,包括汾渭地堑、太行山、滇东湖区、滇西大理区;②沿海错断,包括山东半岛、浙闽沿海、海南岛;③秦岭山系的倒转和平推,包括甘肃武都、河南南阳、安徽霍山等;④推复体,包括贺兰山、扬子江上游、松潘、西昌等地。[①]

1928年,地质调查所得到北京政府时期的司法部民事司司长林行规捐献的位于香山的一块地产及部分房屋。翁文灏便决心利用这块地建立一个地震观测台。从中华教育文化基金会得到部分资助后,观测台开始开工建造,并于1929年底建筑完成,被正式命名为"鹫峰地震研究室",成为第一个中国人自建的现代地震台。翁文灏通过当时著名的物理学家叶企孙的介绍,邀请到东南大学物理系毕业的李善邦到地震研究室开展工作。在经过仪器的购置和安装后,鹫峰地震研究室于1930年9

---

① 翁文波:《地质学家翁文灏》,载《中国科技史料》1982年第4期。

月20日开始记录,"虽甚远如墨西哥及纽丝伦之地震,均能收到"[1]。

提倡经济地质。翁文灏不仅尊重科学实践,而且具体深入地研究中国经济地质,并引申到地质学对国民经济的重要意义。早在1921年,翁文灏就同谢家荣一起研究中国石油地质概况。1922年,谢家荣的《甘肃玉门油矿报告》一文发表于湖南《实业》杂志第54号上。1930年,翁文灏募得金绍基捐款,在北京兵马司成立"沁园燃料研究室",隶属于地质调查所,谢家荣任研究室主任,下设矿物、岩石、化学实验和古植物室,主要开展燃料研究及化验工作。1933年,翁文灏先后组织潘钟祥、孙越崎前往陕西勘查油矿,同年12月,与计荣森一道探查浙江长兴煤矿。1934年翁文灏发表《中国石油地质问题》一文,认为一般石油地质家辄以寻求背斜层为唯一妙诀,然必原来有油,背斜始有积聚之效,而油之所由成及其分布之法则,则唯有从理论地质,以为探索。[2]1936年,翁文灏派遣王撒到四川勘查。1938年10月,翁文灏一方面派遣黄汲清到四川会同王撒一起勘查四川的石油及天然气,另一方面又派孙健

鹫峰地震研究室同人合影

---

[1] 中国地质调查所编:《中国地质调查所概况》,中国地质调查所,1931年,第22页。
[2] 黄汲清选、潘云唐编:《翁文灏选集》,冶金工业出版社1989年版,第341页。

初、严爽勘探玉门油矿。1939年8月,翁文灏在重庆小龙坎组织成立资源委员会动力油料厂。1946年6月,资源委员会中国石油公司在上海成立,翁文灏任董事长。

1921—1931年间,地质调查所成为国内外地质学研究重镇之一。这一时期,担任地质调查所所长的翁文灏也在矿床学、地震地质学、构造地质学、地理学、沉积学等研究方面达到了顶峰。[①]

[①] 李扬:《中国现代地质事业创建时期章丁翁三结合述评》,载《南京大学学报》1996年第2期。

"书生从政":"好人政府"的理想与实践

1.《独立评论》杂志创刊

1931年,九一八事变爆发,东三省沦陷,全国震惊。1932年5月,一批清华、北大的著名学者共同出资创办了"以研究中国当前问题"为主旨的《独立评论》杂志,研究"国是",讨论中国所面临的问题,积极撰文呼吁团结、加紧建设、抗击外敌侵略。这批学者早年大多留学国外,回国以后很快成为各自领域中享有硕望的领军人物。《独立评论》杂志为周刊,5月份创刊号的"引言"表露了其创刊的宗旨:"我们八九个朋友在这几个月之中,常常聚会讨论国家和社会的问题,有时候辩论很激烈,有时候议论居然颇为一致。……我们现在发起这个刊物,想把我们几个人的意见随时公布出来,做一种引子,引起社会上的注意和讨论。……我们叫这刊物做《独立评论》,因为我们都希望永远保持一点独立的精神,不依(倚)傍任何党派,不迷信任何成见,用负责任的言论来发表我们各人思考的结果:这是独立的精神。"潜心地质科学研究的翁文灏是这"八九个朋友"之一。其他的几个人是丁文江、胡适、傅斯年、周炳琳、蒋廷黻、吴景超、竹垚生、吴宪等,后来陈之迈、何廉、李四光、陶孟和等人也参加了这个活动。[①]知识分子以延续国家命脉为己任,积极关注和建议国家政治。

[①] 李学通:《书生从政——翁文灏》,兰州大学出版社1996年版,第99—100页。

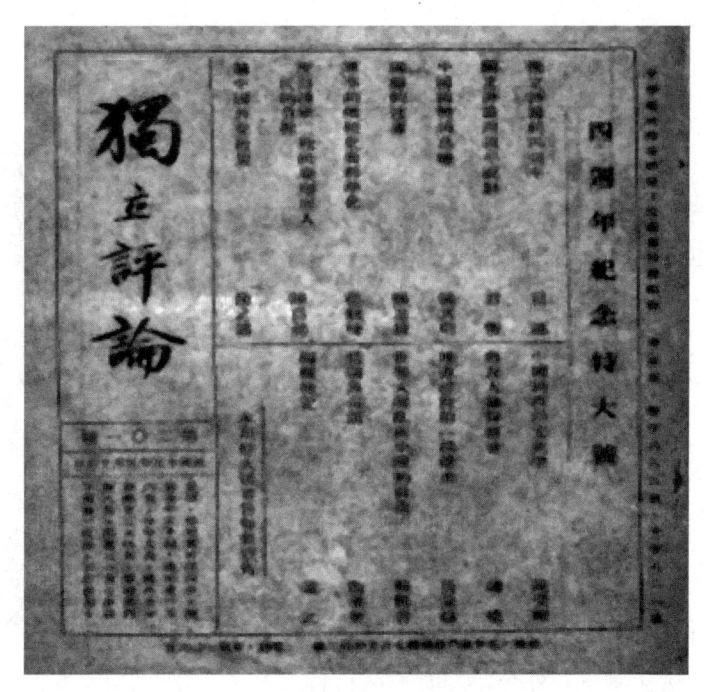

《独立评论》杂志

此时翁文灏对待政治的态度，与五四时期的胡适的少谈主义、多研究问题，与《努力周报》时期丁文江的好人政府主义不无相似之处。但是，胡适和丁文江多讨论民主与独裁问题，而翁文灏则仍坚持实际问题的研究和解决，认为在这个存亡绝续之秋，中国需要一个有力量、负责任的政府。他主张与其打破旧政府而又未能找到一个合适的新政府，倒不如在旧政府内努力工作，认真地研究和解决存在的实际问题。在参与《独立评论》工作的这一时期，翁文灏开始系统思考国家的经济建设问题。地质调查和研究使他了解中国经济建设的物质基础，科学的头脑和务实的作风使他对中国经济发展的途径有了一种全新的主张。翁文灏主张："建设必先有计划，计划又必须有实在的根据，不能凭空设想，亦不能全抄外国成法。"他强调："古人说，七年之病必求三年之艾，现在可以说五年建设，必须先有五年的测量、调查和研究。"[①]

---

① 李学通：《书生从政——翁文灏》，兰州大学出版社1996年版，第103—105页。

2. 庐山牯岭讲学

九一八事变后，全国抗日呼声很高，各地爱国救亡运动风起云涌，国民党反蒋派也乘机反对蒋介石的不抵抗政策。蒋介石认为中日力量对比悬殊，此时中日交战，中国毫无胜算可能，但是，对于如何尽快发展中国国力特别是工业，缩小中日力量对比差距，蒋介石并没有很好的办法。同年冬，时任国民政府教育部次长和国民政府秘书的钱昌照建议蒋介石筹设国防设计机构，并提出国防设计应该是广义的，不仅包括军事、外交，同时也应该包

钱昌照

括教育文化、财政经济、原料及制造、交通运输、土地及粮食、专门人才调查等，并应蒋介石要求草拟了一份初步名单：军事方面有陈仪、洪中、杨继曾等，国际关系方面有王世杰、周览、徐淑希等，教育文化方面有胡适、杨振声、张其昀等，财政经济方面有吴鼎昌、张嘉璈、徐新六、陶孟和、杨端六、刘大钧等，原料及制造方面有丁文江、翁文灏、顾振、范锐、吴蕴初、刘鸿生等，交通运输方面有黄伯樵、沈怡、陈伯庄等，土地及粮食方面有万国鼎、沈宗瀚、赵联芳等，一共四五十人。蒋介石同意了这份名单，仅在军事方面增加了林蔚（蒋介石侍从室主任），并授意钱昌照先和这些专家见面交换意见，之后再商约其中部分人员与其见面，或者讲学。[①]

1932年春、夏、秋三个季节，蒋介石在南京、庐山牯岭、武汉约见了王世杰、周览、徐淑希、胡适、张其昀、吴鼎昌、徐新六、杨端六、丁文江、翁文灏、顾振、范锐、吴蕴初、陈伯庄、万国鼎等人，请其中

[①] 钱昌照：《国民党政府资源委员会始末》，见全国政协文史资料研究委员会工商经济组编：《回忆国民党政府资源委员会》，中国文史出版社1988年版，第1页。

部分人为其讲学。

1932年6月17日、18日、19日，翁文灏分别就中国煤铁产量、中国矿产资源、东北与西北农产等问题向蒋介石讲述中国的资源禀赋情况及亟待开发的计划。

庐山云海

翁文灏为蒋介石的浙江老乡，两人有较多的共同语言，经过三天讲学、交流，翁的所学得到蒋介石的赏识，蒋介石称"翁咏霓者，始可谓有学有识之人，真不可多得也"[①]。

3. 从国防设计委员会到资源委员会

1932年3月，蒋介石在第二次下野后重新秉政，国内抗日情绪高涨，迫切希望政府能就此结束内争、励精图治、领导抗日，这为蒋介石以他中心、以国防为目标、实现为最终抵御日本而进行的工业能力的创建提供了前提。《独立评论》创刊后发表的一系列文章，清楚表明知识分子积极关心国家政府。历经内争外患的蒋介石迫切需要实施一个发展

---

① 陈谦平：《翁文灏与抗战档案史料汇编》（上、下），社会科学文献出版社2017年版，序言第4页。

经济、强大国防的工业政策，而且他也非常清楚，这一政策的实施如果仅靠互相牵制、人浮于事的官僚机构显然无法完成，他需要一个由他掌控的，凌驾于官僚机构之上的，主要由学者、科学家、技术人员组成的全新机构，一个能切实贯彻其国家建设目标和满足迫在眉睫的国防需要的"智囊团"。[①]

1932年11月1日，国防设计委员会正式成立，隶属于国民政府参谋本部，工作分为八个部分：军事方面，调查研究日本和德国的军事情况，同时计划训练新兵，规定每个标准师的员额装备。国际关系方面，分析国际形势，特别注意日本的外交动态，同时研究东北、西北、西南、蒙古、新疆、西藏等边疆问题。教育文化方面，编制国语、公民、历史、地理中小学教科书，同时研究世界各国训练青年的方式方法。财政经济方面，研究中央和地方财政制度，试拟币制改革方案，调查国民收入。原料及制造方面，关于地质调查，由国防设计委员会担负经费，实际工作由地质调查所负责；关于矿产、水力及森林调查，派有专人负责；关于工业调查，由国防设计委员会担负经费，实际工作由中国经济统计研究所负责。交通运输方面，铁路、公路、航运、电信的调查研究，均派专人负责，铁路着重于各路设备和军事运输能力，公路着重于军用公路的标准和汽车修配厂的能力，航运着重于港口设备和航道安全，电信着重于器材制造及存储。土地及粮食方面，研究可耕地面积和土地利用，同时进行全国范围内粮食运销调查，并在各大城市建立定期报告制度。人才方面，开展专门人才调查，普遍印发调查表，分析专门人才是否用其所学，同时研究一旦中日战争起来应如何分配任务。[②]

与其他政府机构不同，国防设计委员会是个秘密机构，其成员以"私交"关系与蒋介石合作，直接向其汇报工作。蒋介石自任委员长，他接受钱昌照推荐邀请翁文灏担任秘书长，钱昌照担任副秘书长负实

[①] 申晓云：《留学归国人才与国防设计委员会的创设》，载《近代史研究》1996年第3期。

[②] 钱昌照：《国民党政府资源委员会始末》，见全国政协文史资料研究委员会工商经济组编：《回忆国民党政府资源委员会》，中国文史出版社1988年版，第2—3页。

际责任。国防设计委员会获得蒋介石特批，每月从军事委员会委员长特别费中支取经费10万元，该会委员每人每月200元薪酬，待遇优渥。国防设计委员会成立后，立即开展工作，主要担负的职责有：外敌入侵后可能发生的所有重要问题，事先要提出切实可行的方案；为招募和重组国家合成军，刺激更高的生产建设能力，以达到巩固国防的最终目的而制订计划，对于短期的国防计划工作提出建议。

孙越崎

从1932年11月成立起到1935年4月改组为资源委员会止，国防设计委员会做出了卓有成效的工作。第一，全面开展调查。仅原料及制造组确定调查项目就有38项，其中由地质调查所承担的有"陕北油田地质调查""华北硫矿调查""黄河水力测定量"等项，由个人承担的有"调查四川油田报告""津浦路沿线煤矿调查""四川盐产调查""勘查长江上游水电进行计划""上海钢铁厂调查报告""平汉、平绥、正太三路沿线及长江沿岸煤矿状况调查""锑、钨、锰、铅各矿质产及制炼情况调查""桐油及锑矿调查""各省工业调查"等，这些项目均由当时科技界、实业界出色的人才承担，阵容强大，加上蒋介石的大力支持，调查工作进行得很顺利。[①]第二，创办陕西油矿。1933年9月，国防设计委员会派孙越崎到陕北地区调查石油资源。通过现场勘查，孙越崎整理撰写了《陕北油田调查报告及钻探计划》，引起了中央及地方的高度重视。1934年春，国防设计委员会与陕西省政府联合成立陕北油矿探勘处，孙越崎任处长。由孙越崎从上海新中公司购进了200马力的柴油机，从机械厂购进了两套汽动顿钻钻机和发动机，从美、德等国购进了

---

① 申晓云：《留学归国人才与国防设计委员会的创设》，载《近代史研究》1996年第3期。

各种钻头、钻具、锅炉、钻铤等上百吨器材。1934年10月到1935年4月间，陕北油矿探勘处在延长、永坪两地钻井七口，其中有两口出油。第三，整理中福煤矿。该矿位于河南省的西北部，矿区面积为1300平方千米，含煤面积971平方千米，已探明煤储量40.74亿吨，保有储量30.45吨，煤种均为低硫、低灰分、高发热量的优质无烟煤。1897年，英国成立福公司对其进行开采。1915年，福公司与官商合办的河南省中原煤矿公司合并组成福中公司。1933年6月，易名为中福两公司联合办事处，由于经营无方，致使产量极低，而运营成本高昂。在联合办事处成立的一年时间内，河南省建设厅厅长李文浩，国民党河南省党部主任陈泮岭，国民党中央委员、河南省农工银行经理李汉珍等先后主持该处，均无起色，中福公司已处于山穷水尽的困境。1934年7月，中福公司新任董事长吴德罗夫将军与英国驻华大使一道到庐山拜见蒋介石，希望蒋介石派大员接管中福公司。此时，蒋介石正打算借助英美力量来牵制日本，同时又鉴于焦作煤矿的重要地位，遂下令中福公司改归军事委员会领导，由国防设计委员会秘书长翁文灏任中福联合办事处整理专员。翁文灏接到蒋介石的任命后，马上电邀孙越崎会商整理事宜，并从国防设计委员会、北平地质调查所征调八位技术人员参与整顿。翁文灏通过向银行融资、调解纠纷、提供技术、编制生产计划等手段，使中福公司迅速摆脱了危机。1934年，全矿共亏损近96万元，1935年则盈利超过100万元。①

　　国防设计委员会为专家学者提供了以自己所学报效国家的途径，大批专家学者由此走上了从政的道路。翁文灏，中国历史上首位地质学博士，也是当时中国最年轻的地质学博士（23岁），在20世纪30年代初国难当头之际，积极地为国防战备出谋划策。从1932年5月开始，他陆续在《独立评论》上发表了《中国人口分布与土地利用》《建设与计划》《中国地下富源的估计》等一系列文章。1932年11月，进入国防设计委员会任职。同年，南京国民政府宣布翁文灏为教育部部长，翁文灏借口

---

① 卢勇：《早期抗战的重要机构——国防设计委员会述略》，载《抗日战争研究》2009年第3期。

母亲去世，需要丁忧，坚辞不就。1934年2月，翁文灏获悉浙江长兴煤矿有油气苗现象，便兴匆匆地一人赶去调查考察，不料所乘汽车行至武康县的桥上发生车祸，头部受重伤。[①]翁文灏受伤一事为蒋介石所知，他立即请上海、北平的脑科专家名医到杭州竭尽全力医治，并把翁文灏在北平的家属接到杭州照料，全部医疗费用由国家负担。翁文灏不省人事近两个月，但在名医专家的精心治疗下平复如故，因而对蒋介石给予的治疗和关照感激不已。1934年9月，蒋介石邀请翁文灏去庐山，请他出任中英合办的焦作中福煤矿整理专员。翁文灏感恩图报，偕孙越崎等人赴任，大力整顿，改善经营管理，迅速扭转了连年亏损的局面，受到英方的赞扬。1935年11月，汪精卫遇刺，辞去国民政府行政院院长职务，由蒋介石接任，翁文灏出任行政院秘书长，开始了正式从政为官的生涯。

1935年4月，国防设计委员会易名资源委员会，主要职掌资源的调查研究、开发及动员，由于职掌的变化，原来从事的关于军事、国际关系及教育文化三个部分的业务分别结束，工作重心由调查研究阶段逐步过渡到重工业建设阶段。同年，资源委员会拟具了三年计划：甲、统制钨锑，同时建设钨铁厂，年产钨铁二千吨；乙、建设湘潭及马鞍山炼钢厂，年产三十万吨，可供国内需要之半；丙、开发灵乡及茶陵铁矿，年产三十万吨；丁、开发大冶、阳新及彭县铜矿，同时建设炼铜厂，年产三千六百吨，可供国内需要之半；戊、开发水口山及贵县铅锌矿，年产五千吨，可供国内需要；己、开发高坑、天河、谭家山及禹县煤矿，年产一百五十万吨，补充华中、华南产煤之不足；庚、建设煤炼油厂，同时开发延长及巴县、达县油矿，年产二千五百万加仑，可供国内需要之半；辛、建设氮气厂，年产硫酸铔五万吨，同时制造硫酸、硝酸以为兵工之用；壬、建设机器厂，包括飞机发动机厂、原动力机厂及工具机厂；癸、建设电工器材厂，包括电线厂、电管厂、电话厂及电机厂，每

---

① 潘云唐：《翁文灏年谱》，载《中国科技史料》1989年第4期。

年产品可供国内需要。创办以上各种重工业，约需国币2.3亿元，除拟向国库请拨7200万元外，余数均利用外资。①

1936年，资源委员会开始工业建设。经过一年多的建设，成立厂矿单位21个，其中包括煤矿、石油矿、铁矿、铜矿、铅锌矿、锡矿、金矿、炼钢厂、炼铜厂、钨铁厂、机器制造厂、电工器材厂、无线电机制造厂、电瓷制造厂、水力发电厂等。②

---

① 钱昌照：《两年半创办重工业之经过及感想》，载《新经济》1939年第2卷第1期。
② 钱昌照：《国民党政府资源委员会始末》，见全国政协文史资料研究委员会工商经济组编：《回忆国民党政府资源委员会》，中国文史出版社1988年版，第4页。

内迁风云：资源委员会企业的内迁

1937年4月，面对日本的步步紧逼，蒋介石鉴于欧洲各国在华有诸多权益，希望争取他们对中日冲突予以调停，并帮助中国，于是他秘密派遣在国外享有盛誉的翁文灏出访欧洲。名义上，翁文灏是孔祥熙率领的庆贺英王加冕典礼的中国代表团秘书长。翁文灏在英国会见了商务大臣兰西曼、外交大臣艾登，在德国会见了经济部部长兼国家银行总裁沙赫特，在苏联会见了外交人民委员李维诺夫，并及时将各国态度，特别是苏联建议中苏速订两国互不侵犯条约和易货合同的明确意向，密电报告蒋介石。

1. 资源委员会厂矿的内迁

全面抗日战争爆发后，资源委员会的工矿企业受到巨大的影响，"接近战区的厂矿，迁移的迁移，停办的停办，损失相当大"[1]。资源委员会所属21家厂矿企业中有18家内迁，是抗战初期厂矿内迁仅次于兵工厂的现代工业力量。其大致情况如下表。

资源委员会所属厂矿抗战初期迁建情况表（单位：吨）

厂矿名称	器材数量	机器数量	总计
钢铁厂迁建委员会			35,000
中央机器厂			2500

---

[1] 钱昌照：《国民党政府资源委员会始末》，见全国政协文史资料研究委员会工商经济组编：《回忆国民党政府资源委员会》，中国文史出版社1988年版，第5页。

续表

厂矿名称	器材数量	机器数量	总计
中央电工器材厂			2500
中央无线电器材厂			240
中央电瓷制造厂	161	65	226
中央钢铁厂	2000	500	2500
钨铁厂			1000
小计	2161	565	43,966
恩口煤矿公司	250	125	375
萍乡煤矿局			5000
辰溪煤矿局			383
高坑煤矿局			700
明良煤矿公司			382
小计	250	125	6840
自流井电厂			118
昆湖电厂		860	860
兰州电厂	370	180	550
岷江电厂	25	105	130
汉中电厂	56	44.5	100.5
贵阳电厂	242	300	542
小计	693	1489.5	2300.5
合计			53,106.5

资料来源：《资源委员会附属厂矿战后内迁器材数量表》，载《资源委员会公报》1941年第1卷第1期。薛毅：《国民政府资源委员会研究》，社会科学文献出版社2005年版，第200页。

上述18家内迁企业中，有工业企业7家，矿业企业5家，电力企业6家。其中中央钢铁厂于1938年7月中旬奉令迁移机料，运存湘西辰溪，原有厂址借给航空委员会改筑机场。到11月，全部机料运抵辰溪，大部分员工已疏散或介绍到他处工作。之后，由于工矿调整处把一些小工厂迁移到辰溪，商请供给电力，于是中央钢铁厂在辰溪建造临时厂房，装置发电机以供应电力。中央电工器材厂第一厂（电线厂）于1938年1月奉命迁往云南昆明，到6月底，选定昆明石嘴村为厂址并付清地价款，开始进行土木建筑，自英国购买的机器设备也陆续经港运抵昆明，1939年5月该厂建成投产。第二厂（电管厂）于1938年9月10日开始拆卸机器，之后机件陆续经湖南衡阳运抵广西桂林，1939年3月在桂林复工生产。第三厂为电话厂，1938年8月开始迁移，机件大部分经桂林抵昆明设厂，1940年复工生产。第四厂为电机厂，1938年6月奉令内迁，7月起，汉口电池组迁到湘潭下摄司后照常工作，宜都电动组也迁移到下摄司整理，同时派人到桂林建设厂屋。第四厂无线电材料及从美国购来的材料，则归并于中央无线电机制造厂，1938年12月开始生产收音机、变压器、蜂鸣器、收发报机等。到1940年，该厂分为五组，变压组、发电机组、开关设备组设于昆明，电动机组和电池组设于桂林，电池分厂设于重庆，先后复工生产。①

资源委员会旧址

资源委员会所属的中福煤矿，经过翁文灏、孙越崎的努力，从1934年冬开始整理，迅速取得明显成效，1935年生产和销售煤炭100万吨，实现盈利100万元。1936年生产销售煤炭150万吨，盈利150万元，中福公司

---

① 中国第二历史档案馆编：《中华民国史档案资料汇编》第5辑第2编《财政经济》（六），江苏古籍出版社1997年版，第534—536页。

由此迅速成为全国第三大煤矿。①1937年1月国民政府军事委员会任命翁文灏、孙越崎分别担任中福公司董事长和总经理。全面抗战爆发后,孙越崎克服各种困难,从1937年底到1938年初,把中福公司4000多吨设备器材运到武汉、湘潭,后又辗转运到四川,成为抗战时期唯一内迁的大型煤矿。②

到1940年下半年,以资源委员会厂矿为主,经济部已经有新旧企业134个单位(其中23家停顿),其中工业76家,矿业45家,商业9家,农业4家,资本额达到16,400万元,美金93万元。鉴于厂矿企业如此之多,经济部在1940年7月1日设企业司专门管理。在134家企业中资源委员会有55个单位。③

林继庸著《民营厂矿内迁纪略:我国工业总动员之序幕》,1942年版

2. 协助民营厂矿内迁

民营厂矿的内迁,与正面战场的战局以及国民政府的经济动员政策关系密切。卢沟桥事变爆发前,鉴于1932年"一·二八"事变中上海工业遭受重大损失,资源委员会负责人之一的钱昌照萌发了迁移沿海民营工厂到内地经营的想法,而当时上海工业界的一些有识之士如胡厥文、颜耀秋、吴蕴初等人以及上海的少数报纸也撰文倡议工厂内迁。由于对日本发动全面侵华战争的威胁认识不足,不仅一些民族资本企业家迟疑不决,就连国民政府也迟迟难下决心。

七七事变发生后,钱昌照"觉得时机成熟,利用在蒋介石身边工

---

① 薛毅:《工矿泰斗:孙越崎》,中国文史出版社1997年版,第55页。
② 薛毅:《国民政府资源委员会研究》,社会科学文献出版社2005年版,第203—206页。
③ 中国第二历史档案馆编:《中华民国史档案资料汇编》第5辑第2编《财政经济》(五),江苏古籍出版社1997年版,第251、266页。

作的便利，条陈搬迁上海及其附近各地的主要工业，得到蒋的批准，并顺利得到专款"。为此，他还专门邀请当时担任上海机器五金制造业同业公会主席的颜耀秋到南京面谈。①7月22日，南京国民政府成立了由军政部部长何应钦主持的国家总动员设计委员会，决定立即实施粮食、资源、交通统制，其中资源统制由资源委员会、实业部、军政部、财政部、经济委员会、交通部、铁道部等部门会同办理。资源委员会负责召集，钱昌照为具体负责人。24日，钱昌照以资源委员会名义会同行政院相关各部人员举行第一次会议，提出内迁沿海工业问题，得到与会者的赞同，决定分财务、矿冶、燃料、机器和化学、棉业、建筑材料、牲畜毛革、专门人才等八个小组讨论研究沿海工业内迁以加快资源统制等问题。②28日，钱昌照又以资源委员会名义召集机器和化学工业组召开会议，决定当日就派林继庸、庄前鼎、张季熙三人到上海接洽工厂内迁事宜。

林继庸为广东中山人，化工专家，毕业于北京大学，参加过五四运动并担任北京大学学生总领队，是该校爱国运动中的活跃分子之一，后来留学美国伦色勒里尔理工学院。回国后，林继庸担任复旦大学理学院院长，在该院首创化学兵器科，并组织复旦大学学生义勇军，参加上海"一·二八"淞沪抗战，担任十九路军顾问兼技术组长。③

"迁厂之父"林继庸

7月29日，林继庸一行人约见上海公用局局长徐佩璜和工业界人士胡厥文、项康元、薛福基、吴蕴初、支秉渊、颜耀秋等，筹商迁厂办法。上述诸

---

① 钱昌照：《钱昌照回忆录》，中国文史出版社1998年版，第55页。
② 中国第二历史档案馆：《中华民国史档案资料汇编》第5辑第2编《财政经济》（六），江苏古籍出版社1997年版，第386页。
③ 胡光麃：《波逐六十年》，文海出版社1964年版，第315—316页。

人都在上海"一·二八"事变中积极参与组织支持十九路军的后援工作，对于迁厂深表赞同，胡厥文尤为热心。会议决定先将有关军火制造和军械修配的机器五金制造厂尽速内迁。7月30日，颜耀秋与新民机器厂负责人胡厥文一道召集包括冶炼、电机工业在内的上海机器五金制造业同业公会执行委员会开会，并邀请林继庸等人出席。会上争论激烈，颜耀秋说："这次事变不是局部性的，如不内迁，势必沦入敌手，也就是间接资敌，纵有任何困难，也要想办法搬出去。"立即有某大型机电厂代表反对说："年轻小伙子不知轻重，乱唱高调，像我的厂就有机器二三千吨，怎样迁法？"[①]胡厥文在上海"一·二八"事变时就领导工业界积极支援十九路军的抗战，为动员厂商内迁，他回顾了"一·二八"事变时工商界支援前线抗击日军的爱国行动，分析了当前严峻的形势，希望大家慎重考虑。他向厂商发出倡议：凡是不愿做亡国奴的工商业者，都应本着国家存亡，匹夫有责，宁为玉碎，毋为瓦全的宗旨，要下决心内迁以保存物资和机器设备，支援抗战绝不能苟安求全、助纣为虐。他还表示，自己要把所办的新民机器厂率先迁往内地。[②]上海机器厂颜耀秋、新中工程公司支秉渊、中华铁工厂王佐才、大鑫钢铁厂余名钰等爱国企业家也纷纷表示愿意把自己的工厂内迁，机器五金制造业中的一般中小厂家特别拥护内迁。这次动员发挥了很好的作用，会上还进一步协商了迁厂的原则，主要是"以辅助兵工制造为目的"[③]。

7月30日晚，林继庸与上海机器五金制造业同业公会代表颜耀秋、胡厥文到南京，向钱昌照报告有关迁厂情况。当时厂家担心的主要问题是机器设备的拆迁费、随行员工的安家费以及其他职工的遣散费等经费问题。资源委员会副秘书长钱昌照了解上述情况后，表示立即转呈行政

[①] 颜耀秋：《抗战期间上海民营工厂内迁片断》，见全国政协文史资料委员会编：《中华文史资料文库》第12卷《经济工商编》，中国文史出版社1996年版，第955页。
[②] 胡世华、吕慧敏、宗朋整理：《胡厥文回忆录》，中国文史出版社1994年版，第50页。
[③] 中国第二历史档案馆编：《中华民国史档案资料汇编》第5辑第2编《财政经济》（六），江苏古籍出版社1997年版，第385页。

院核付，并吩咐该会财务处负责人将该会100万元存款除少数留用外，其余悉数借垫用于迁厂。过了几天，上海中国工业炼气公司李允成、大中华橡胶厂薛福基和天原、天利、天厨、天盛四厂的吴蕴初等人也表示愿意迁厂，薛福基还亲自到南京找林继庸进行了协商。一般同业听说迁厂经费有望，有办法的企业不等拿到迁厂补贴就自筹费用开始迁厂活动。不过当时上海私营机器业决定内迁的虽然有100多家，但大都是小厂，比较大的机器厂中只有华生、新中、顺昌、上海、新民、合作等数家决定内迁。

上海工业界也有一些人对厂矿内迁持怀疑的态度，其顾虑主要有交通不便、动力困难、原料难求、厂基难觅、工人难招、金融不灵、安全有问题、税则不统一等。[①]

8月9日，钱昌照以资源委员会名义向行政院院务会议提交了《补助上海各工厂迁移内地专供充实军备以增厚长期抵抗外侮之力量》的提案。[②] 提案建议：补助迁移款项56万元，将上海机器工厂内工作母机2000部连同工具，以及上海大鑫钢铁厂、中国工业炼气公司、天原化工厂、大中华橡胶厂、康元制罐厂等5家工厂的炼钢、炼气、制罐、制橡胶轮胎、制防毒面具等重要生产设备，迁到后方指定地点复工生产，以充实军备、增厚长期抵抗的力量。同日，国家总动员设计委员会小组会议通过上述建议，并把迁厂事宜交资源委员会派员到上海全权负责。8月10日，南京国民政府行政院第324次会议通过资源委员会拆迁上海工厂的提案，会议还决议由资源委员会为首，会同财政部、军政部、实业部三个机关组织上海工厂迁移监督委员会，印刷业的迁移，由教育部参加监督。资源委员会当即派林继庸、财政部派会计长庞松舟、实业部派代理工业司司长欧阳仑、军政部派军务司整备科科

[①] 潘仰山：《游资引用与工业建设及税则奖掖之联环性》，载《西南实业通讯》1941年第4卷第3期。

[②] 中国第二历史档案馆编：《中华民国史档案资料汇编》第5辑第2编《财政经济》（六），江苏古籍出版社1997年版，第386页。

长王祄为委员，林继庸为主任委员，驻上海主持一切迁厂事宜。①10日下午四时各委员得到消息，六时在南京火车站聚集乘车赴上海。由于国库应拨款项尚未领到，资源委员会副秘书长钱昌照于是借拨56万元交林继庸到上海使用。

8月11日，以林继庸为主任委员，庞松舟、欧阳仑、王珍为委员的上海工厂迁移监督委员会在上海成立，分头负责动员工作和海关报关放行及贴补费用的审批工作。②上海工厂迁移监督委员会立即召集上海五金、机械、化学、冶炼、橡胶、炼气等行业的厂方代表举行会议，订定迁厂以及奖助具体办法，派员分赴临近战区各省市，督导各公私厂矿内迁，并责令克日成立上海工厂联合迁移委员会，在上海工厂迁移监督委员会的指导监督下进行工作，"工厂可否迁移之决定权在监督委员会"③。

8月12日，上海工厂联合迁移委员会正式成立，厂方代表公推颜耀秋、胡厥文、支秉渊、叶友才、严裕棠、余名钰、吕时新、王佐才、赵孝林、项康元、钱祥标等11人为委员。经监督委员会认可，指定颜耀秋、胡厥文、支秉渊为正副主任委员，以上海机器五金制造业同业公会会址铜匠公所为办事处，但该地不久就沦为战区。在刘鸿生的大力支持下，上海工厂联合迁移委员会改为以刘鸿生企业所在的企业大厦六楼为办公地，办事人员从各厂抽调而来，专门办理内迁厂登记、联系运输分发运费等事务。根据上海民营工厂的分布状况，上海工厂迁移监督委员会和上海工厂联合迁移委员会决定：各厂迁移的机件、器材，先以武昌徐家棚附近为集中地点，然后再根据分配的地域分别西上宜昌、重庆，北上西安、咸阳，南下岳阳、长沙。至于以广西、云南为目的地的工厂，当时考虑留待第二步从广东方面进行拆迁。在上海方面，上海南

---

① 中国第二历史档案馆：《中华民国史档案资料汇编》第5辑第2编《财政经济》（六），江苏古籍出版社1997年版，第388页。
② 钱昌照：《钱昌照回忆录》，中国文史出版社1998年版，第55页。
③ 中国第二历史档案馆：《中华民国史档案资料汇编》第5辑第2编《财政经济》（六），江苏古籍出版社1997年版，第389页。

市一带工厂的机件，集中于闵行，由北新泾或南市起运。闸北、虹口、杨树浦一带工厂的机件，先拆运到租界装箱，再由苏州河或南市水陆起运。凡经审查准许迁移的机件、材料、半成品、工具等，根据迁移路程远近和其他情况，适当发给装箱费、运费。在危险地带的抢运机件则变通处理，可以不待检查径自装船运出，经殷实厂商具文担保后在镇江或汉口检查属实也可发给应领费用。为做好迁移接应工作，分别派人在苏州、镇江、武汉设站接应。部署完毕后，就开始分头行动；实际上，在上海工厂内迁过程中，一切具体事务都集中在上海工厂联合迁移委员会，迁移对象则以机器、机电两行业为主。而担负监督责任的上海工厂迁移监督委员会，"实际上仅资委会林继庸一人负责，其他各部所派代表都有名无实"，颜耀秋"只得随时随地盯牢林继庸，才能比较顺利地推进工作"[①]。这样在淞沪大战爆发前夜，上海工厂内迁的动员、组织工作已经紧张地开展起来了。

8月13日，日军在上海发动了八一三事变。南京政府在长江要津江阴实施封锁，江阴上下段的长江航运由此断绝。15日日机袭击上海，16日大中华橡胶厂负责人薛福基在日机轰炸中致伤，不久去世。但是在敌人的轰炸下，各厂职工们"拼着死命去抢拆他们宝贵的机器。敌机来了，伏在地上躲一躲，又爬起来拆，拆完就马上扛走。看见前面那位伙伴被炸死了，大声喊声'嗳唷'，洒着眼泪把死尸抬过一边，咬着牙筋仍旧是向前工作"[②]。8月20日大鑫钢铁厂领到铁道部迁厂10万元运输搬迁津贴及20万元购地、重建贷款。余名钰恰在此时患上阑尾炎，但他毅然抱病安排内迁。8月27日，顺昌机器厂、上海机器厂、新民机器厂、合作五金厂等4家工厂的机件，分装21只木船，随行160多名技工，在各厂重要职员分别率领下，冒险由苏州河运出，踏上了内迁的征途。第二天，大鑫钢铁厂、启文机器厂、新中机器厂、利用机器厂、精一机器厂、姚

---

① 颜耀秋：《抗战期间上海民营工厂内迁片断》，见全国政协文史资料委员会编：《中华文史资料文库》第12卷，中国文史出版社1996年版，第956页。

② 林继庸：《民营厂矿内迁纪略》，中国工业经济研究所，1942年，第10页。

兴昌机器厂等6家机器厂的机件和工人,也由各厂职员率领分别运出。他们运输的方法是在装载机件设备的木船上用树枝、茅草进行伪装,循苏州河用人力划出,每船相距半里左右,如遇敌机来袭,则泊于河边芦苇丛中暂避。船到苏州后雇佣小火轮拖原船到镇江,在镇江换装江轮到汉口,苏州、镇江都设有运输站,与当地军运机构和政府机关进行联系,并与上海互通情报。由于此时已经在江阴封锁了长江航道,铁路忙于军运,所以通过运河运输成功的消息传到上海后,中国建设工程公司、慎昌铁工厂、康元制罐厂、中华铁工厂、益丰搪瓷厂等工厂也如法炮制,运出物资器材。8月30日,上海工厂迁移监督委员会做出决定,以上述航道为上海工厂内迁运输线。此后古老的江南运河就成为上海工厂内迁的主要通道,许多厂矿由此通道辗转内迁到了后方,上海的工厂迁移迅速走上轨道。[1]

9月3日,蒋介石采纳蒋百里抢移物资,迁移山东潍县、坊子等地铁工厂等建议,在致大本营秘书长张群快邮代电中提出在大本营之下,设立一临时机构,"一方收集物资,使其西移,一方依战时需要将该工业设法调整,不独东省一隅之益"[2]。同时,国家总动员委员会秘书组也主张应从速迁移无锡、南通等地的工厂。[3]

翁文灏从苏联回国经九龙乘船于9月5日上午十一时抵达南京,下午即被任命为军事委员会第三部部长。蒋介石面告翁文灏:(一)对日抗战,必久战方能唤醒各国,共起相争,而得胜利;(二)长期抗战,必须坚守西部(平汉粤汉路之西),以备及时反攻,因之必须准备振作西部基地的生产力量。蒋介石命翁文灏实管资源委员会及军事委员会第三部,专心工矿生产,不分公私,均应充分提高。[4]于是,翁文灏以军事

---

[1] 中国科学院经济研究所、中央工商行政管理局主编:《上海民族机器工业》(下册),中华书局1979年版,第668页。
[2] 中国第二历史档案馆:《中华民国史档案资料汇编》第5辑第2编《财政经济》(六),江苏古籍出版社1997年版,第384页。
[3] 中国第二历史档案馆:《中华民国史档案资料汇编》第5辑第2编《财政经济》(六),江苏古籍出版社1997年版,第395页。
[4] 翁文灏:《翁文灏日记》,中华书局2010年版,第168页。

委员会第三部部长兼资源委员会秘书长的双重身份,与钱昌照议定扩大内迁厂矿的范围,以推动各地工厂迁移工作。

9月16日,蒋介石以行政院长名义致函资源委员会,"全国抗战,应有长期计划,以便与敌持久周旋。在此进行总动员计划时,首在恢复一般生产事业以蓄国家实力。工厂为生产事业之基础,目前尤应加紧制造,设法流通,以应全国需要。可迁移者固应从速迁移,可复工者更当迅予复工。惟自抗战以来,言经济则以金融停滞,工商因款同受限制,各厂无法调度,大都出于停顿;言交通则军运频繁,各路阻塞,原料货物无从输运。值此棉稻秋收,内外隔绝,影响农工,尤非浅鲜。长此生产机能听令断绝,每一念及,辄用痛心。同人利害切身,公私交顾,因于今日集议,认为政府自应力助各厂,设法迁移安全地带照常工作,输运务求灵活,捐税或减或免。又念目前惟一生路,尤望增发法币,扩充放款,以通工业上生产之资金;减低利息,以轻工业上生产之担负;实施中央储备银行法,采用货物准备,以固工业之基础。同时,发展交通工具,使工农生产能动、能流,以沟通内外之机能,适应供求之需要。凡此,实为国力生产生死所系。在总动员计划中,各部职责所在,应首先施行。倘酌召实业界同人切实商决,迅予实施,尤所企盼"。据此,"查补助上海各工厂迁移内地工作一案,前经本院第三二四次会议决定办法,由贵会及财政部、军政部、实业部组织监督委员会,以贵会为主办机关,严密监督,克日迁移",并抄送资源委员会原议迁移上海工厂名单,该名单中包括荣家福茂新集团各厂、大中华火柴厂、上海水泥厂、章华毛织厂、华丰搪瓷厂、永安纺织厂、商务印书馆、华商电气公司、闸北水电公司、民丰纺织厂、大中华橡胶厂、苏纶纱厂、美亚织绸厂、天字化工集团各厂、中国植物油料厂、新民机器厂、合作五金厂、华生电气厂、中国亚浦耳电器厂、新亚化学制药厂、五洲固本皂药厂、三友实业社、中法制药厂、中国国货联营公司、中华珐琅厂、中华铁工厂等上海一批大中型工厂。①

9月17日，国民政府决定成立军事委员会工矿、农产、贸易调整委员会，并由翁文灏与相关人员商讨工矿、农产、贸易调整委员会章程。②工矿调整委员会成立后，由翁文灏兼主任委员，张兹闿为副主任委员，林继庸任业务组长，主管厂矿内迁有关事宜。在工矿迁移委员会人事未充实以前，由第三部协助。9月27日，在翁文灏的主持下，工矿调整委员会召集有关主管机关举行有关迁移工厂会议，议决增加迁移经费52.6万元，通过各厂借款原则，重订厂矿迁移原则及监督厂矿迁移办法，并负责实行。重订的厂矿迁移原则有八条，规定迁移工厂分指定军需工厂和普通工厂两种，由于此时"工厂愿迁者众"，新规定中对现行的迁移工厂办法中的优厚条件有所降低。③三个委员会还在镇江设立联合运输处。④此前的10月26日上海闸北失守，苏州河水上运输线的重要一段被切断，各厂物资改道由黄浦江运到松江，经苏州、无锡运到镇江。

工矿调整委员会成立后，9月中旬，资源委员会还派顾毓琼到苏州、无锡一带劝导工厂迁移，又派孙越崎、周茂柏等四人到河北抢运物资。11月1日，军事委员会第四部及工矿调整委员会派员与江苏省政府主席及主管人员会商江苏厂矿内迁事宜，制订了《江苏省迁移工厂要点》并列具《拟定迁移工厂名单》。⑤但是两处劝导工厂迁移的工作成效不大。11月5日日军在杭州湾登陆，威胁松江河道，各厂物资又改道由怡和轮船运到南通，在这里转民船经运河运到扬州、镇江。11月12日上海失陷，各厂物资只有取道香港、宁波，再转运到内地，上

---

① 中国第二历史档案馆编：《中华民国史档案资料汇编》第5辑第2编《财政经济》（六），江苏古籍出版社1997年版，第403页。
② 翁文灏：《翁文灏日记》，中华书局2010年版，第170页。
③ 中国第二历史档案馆编：《中华民国史档案资料汇编》第5辑第2编《财政经济》（六），江苏古籍出版社1997年版，第405页。
④ 林继庸：《民营厂矿内迁纪略》，中国工业经济研究所，1942年，第20页。
⑤ 中国第二历史档案馆编：《中华民国史档案资料汇编》第5辑第2编《财政经济》（六），江苏古籍出版社1997年版，第411—412页。

海工厂联合迁移委员会也同时结束工作。11月14日，工矿调整委员会所属的厂矿迁移监督委员会成立。该组织由工矿调整委员会、资源委员会、军事委员会第三部、军事委员会第四部、军政部、财政部、实业部等机关派代表，孙拯、林继庸、恽震、高惜冰等为委员，工矿调整委员会代表孙拯为主任委员，林继庸、高惜冰为执行组正副组长。11月15日，工矿调整委员会派员分别往浙江、山东和江苏的苏州、无锡、常州各处抢运物资，但是由于战局迅速恶化，多未能成行。林继庸本人于11月17日在镇江召集苏州、无锡、常州一带纱厂负责人会晤，到会的有苏州苏纶纺织厂沈灏，无锡庆丰纱厂唐晔如、公益铁工厂李国琛，常州大成纱厂刘国钧等人。会议议决七条办法，由工矿调整委员会拨发迁厂津贴20万元，三委员会联合运输处主任童少生负责调配船只、车辆，各厂代表返工厂着手拆迁。可惜为时过晚，后来只有无锡公益铁工厂和常州大成纱厂部分机件迁出。11月下旬工矿调整委员会派员到九江、芜湖、郑州、开封等地劝导迁移，分别迁出若干厂家，如九江迁出光大瓷厂、中华火柴厂等，芜湖迁出中国植物油料厂，开封迁出河南农工器械制造厂。1937年12月2日常州失陷，6日江阴失陷，10日镇江运输站撤退，13日南京失陷。至此，上海及其附近各工厂沿长江下游航道的内迁运输宣告结束。在1937年8月到1937年12月这一时期内，除去公营国营工厂不计，总计在有关政府机构协助下迁出上海民间工厂146家，运抵武汉的机器、材料重量14,600多吨，内迁技术工人2500多名。其中146家工厂按照业别统计机器五金业66家，化学工业19家，电器及无线电业18家，文化印刷业14家，纺织染业7家，饮食业6家，陶瓷玻璃业5家，造船业4家，炼钢工业1家，煤气工业1家，其他工业5家。[①]

---

① 林继庸：《民营厂矿内迁纪略》，中国工业经济研究所，1942年，第14—15页。

■ **工矿调整处协助迁往西南之工厂一览表（1938年2月28日）**

名　称	迁入地	内迁情况
顺昌铁工厂	重庆	随往工人45人，迁移物资200.0吨，主要机械为车床11、搪床1、铣床及磨床4、其他工具机9、马达16、电焊与鼓风及起重机6、半成品车床80、熔铁炉及铸工用具5、磨机1，运往之主要原料为铁板29吨、炉钢板7吨、钢条0.5吨、元铁方铁9.4吨、其他铁类35吨、生铁60吨、五金及电料2.4吨、零件2吨，产品为工作机、起重机、翻砂工具、炸弹壳
中华铁工厂	重庆	随往工人60人，迁移物质194.0吨，主要机械为车床22、刨床5、钻床5、磨刀机1、铣床2、磨床1、锯床1、闸床1、老虎钳20、马达2、发电机1，产品为工作机。另外，每年工作机之产值至多25万元
大公铁工厂	重庆	随往工人15人，迁移物资42.0吨，主要机械为车床36、刨床2、铣床1、钻床1、老虎钳72、马达2、磨刀机1、翻砂工具全套，产品为六尺车床每日半部、小刨床钻床或小柴油发动机1部、手榴弹每日1500个、迫击炮每日1尊。此外，尚须补充工人57名（车工及钳工）
精华机器厂	重庆	随往工人10人，迁移物质13.3吨，主要机械为车床3、钻床3、铣床5、压迫机1、打头机2、弯脚机2、织衣机14、成衣机4、制针机，产品为各种针织机。此外，每年针织机产值8万元
上海机器厂	重庆	随往工人70人，迁移物资65.0吨，主要机械为车床23、钻床7、铣床3、火石车1、刨子2、磨床2、老虎钳8、发电机1、马达1、引擎1、钢珠轴领6副，运往之主要原料为铜管1340磅、钢1500磅、光洋元1300磅、黄铜元30,000磅、镍铬钢3000磅、洋元10,550磅、铁皮640磅，产品为引擎、邦浦工作机、手榴弹
公益机器厂	重庆	迁移物资60.0吨，专门修理纺织机器。机件名称不详
中国实业机器厂	重庆	随往工人25人，迁移物质101.0吨，主要机械为车床20、铣床7、磨平床1、刨床2、冲床2、闸床1、钻床7、浇字机1、锯床1、砂轮架1、印字机1，运往之原料为铜2.14吨，钢铁20.70吨，产品为华文打字机、机关枪零件
大鑫钢铁厂	重庆	随往工人193人，迁移物质644.0吨，主要机械为电气炼钢炉4、车床16、刨床7、钻床7、铣床1、火石车2、马达42，产品为炼钢、翻砂
达昌机器厂	重庆	随往工人20人，迁移物质6.5吨，主要机械为车床3、钻床2、磨光车1、老虎钳6、马达2，产品为纺织机、切面机
徐兴昌铸铜厂	重庆	随往工人7人，迁移物资3.5吨，主要机械为翻铜工具全套，运往之原料为钢料4700磅、黄铜800磅，产品为铸铜
合作五金公司	重庆	随往工人20人，迁移物资22.8吨，主要机械为车床7、刨床1、冲床7、磨床1、刨光床1、马达1，产品为硝类
美艺钢器公司	重庆	随往工人6人，迁移物资40.0吨，主要机械为车床5、刨床1、钻床4、铣床1、切床1、冲床1、拔床1、马达5，运往之主要原料为钢板41.5吨，产品为避弹室、炸弹零件、手榴弹
精一器械厂	重庆	随往工人35人，迁移物资21.0吨，主要机械为冲床7、钻床3、车床4、磨床1、刨床1、剪刀车2、滚线车2、滚毛车1、轧床1、大抛车4、发电机1、马达1、电钻1、神仙葫芦1、老虎钳12、翻砂工具全套、电镀工具全套，运往之主要原料为电镀材料3000磅、钢中料4700磅、钢中屑2000磅、铜皮900磅、铁皮450磅、铁料5000磅、钢板1600磅、钢料750磅、机铜料800磅，产品为科学仪器、面具、零件

第三章　翁文灏的工业建国梦

续表

名　称	迁入地	内迁情况
中国制钉厂	重庆	随往工人8人，迁移物资353.3吨，其中机件7.8磅，原料197.2吨，成品150.3吨，其余名目不详，产品为钉
陆大铁工厂	重庆	随往工人64人，迁移物资103.5吨，主要机械为车床23、刨床2、磨床1、冲床2、剪床1、铣床2、钻床6、柴油机2、马达3、发电机3、打风机2、电焊机3、三联冲床2，运往之重要原料为铜料15吨、钢板12.5吨，产品率为地雷每日100个、手榴弹每日2000个
大同五金厂	重庆	随往工人30人，迁移物资56.5吨，此中全系五金材料，并无机械
康元制罐厂	重庆	随往工人27人，迁移物资36.0吨，主要机械为车床3、钻床2、火石车1、刨床2、冲床22、铣床1、滚方车1、橡皮车2、剪刀车2、滚圆车2、返边车1、锯床1、马达2，运往之主要原料为黄铜皮5000磅、铜圈3250磅、钢皮6000磅、铁皮5600磅、发条2000磅、花铁6500磅、黄铜梗2300磅，产品为印刷制罐、烟幕罐、爆发罐、面具、水壶
亚浦耳电器厂	重庆	迁移物资28.0吨，全系电灯泡，并无机件
华光电化厂	重庆	随往工人8人，迁移物资2.4吨，主要机械为截焊条车1、调粉车1、制电焊条工具全套，运往之主要原料为化学原料635公斤、化学药水30公斤。产率每日电焊条5000支
中国蓄电池厂	重庆	随往工人13人，迁移物资86.8吨，主要机械为车床1、冲床5、剪刀车1、扎线车6、喷砂机3、钳床12、压力车1、马达6，运之主要原料为炭精1.5吨、炭板0.5吨、黑铅粉20吨、白蜡0.5吨、锰粉10吨、锌皮1.5吨、盐硝1吨、高梗纸1.5吨，产率每日干湿电池2000打及各种小型机件
汇明电池厂	重庆	迁移物资18.2吨，主要机械为打电机3、喷砂机1，运之主要原料为铅粉10吨、锰粉1吨、盐硝1吨、铅皮20件、火漆500磅，产品为干湿电池
张瑞生电焊厂	重庆	随往工人15人，迁移物资5.0吨，主要机械为电焊工具全套，运之主要原料为氧气4480磅、电石1600磅、铁板700磅。该厂专门电焊器件
中国无线电公司	重庆	随往工人53人，迁移物资157.0吨，主要机械为刻字机1、烧焊机1、绕线机1、手压机1、水压机1、抽氯机1、喷漆机1、沙（砂）轮机1、真空烤炉1、烤炉1、老虎钳35、剪刀1、二号冲床1、牛头刨床1、六角车床1、平铣床1、车床5，运出之主要原料为元铁2924磅、角铁3605磅、扁铁4615磅、方铁350磅、铁管241磅、双纱包线2100磅、漆包线2350磅、方栅铁皮7610磅、铁皮5190磅、铝板1587磅、黄铜元1477磅、黄铜皮690磅、紫铜管1177磅、方铁壳1591磅、铝块1120磅、胶板1140方寸、胶木元355磅、胶板227磅、胶木管118磅，产率收发报机5W者每日40部、15W者每日30部、20W者每日20部，又每四个月可完成5—10千瓦广播无线电台1座
中央化学玻璃厂	重庆	随往工人60人，迁移物资38.7吨，主要机械为全部炉灶工具，运往之主要原料为纯碱50包、硼砂30包、坛烧粉2包，产品为化学玻璃器、日用玻璃器、高度耐火材料
益丰搪瓷厂	重庆	迁移物资25.7吨，主要机械为摇手车4、剪卷车1、滚泥机2、压土机2、括刀机3、冲压车5、车床1、马达2、岙克车6、亚克车1、调和车1、铁石研子各1、冲片车1、马达7，运之主要原料为水白粉17箱、水底粉12箱、上青粉0.3吨、湘色粉4.3吨、桃仁粉1吨、竹黄粉6吨、铁渣30.5吨、火砖10吨，产品为搪瓷器皿

续表

名称	迁入地	内迁情况
天盛陶器厂	重庆	迁移物资102.0吨，生产各种陶器。迁移机件不详
家庭工业社	重庆	迁移物资40.0吨，主要机械为马达1、轧膏机1、打盖机1、石印机2、电木机1、洒粉机1，运往之主要原料为各种化妆品原料约15吨，生产日用化妆品
天利氮气厂	重庆	迁移物资49.0吨，主要机械为空气抽送机、氮化合器、燃烧炉、压缩机、发电机、硝酸分离机、硝酸提浓机、吸收塔、氧气压缩机、水车、蒸馏器，生产硝酸
新亚药厂	重庆	随往工人14人，迁移物资21.7吨，主要机械为制药用机器全套、制造医疗器械用机件全套，运往之主要原料为药品原料3600磅，生产医疗器械、各种医药卫生品
中法药房	重庆	随往工人4人，迁移物资9.5吨，主要机械为远心分离机1、真空机连马达1、电热干燥厨1、制片机1、制粉机1、制丸机4、电动机5、高压反应罐1、重料炼合机2、粉碎机1，生产医药卫生用品
永利硫酸铔厂	重庆	随往工人20人，迁移物资200.0吨，主要机械为铁工机件大小五百余件、电焊机9件，运往之主要原料为生铁80吨、铁板20吨、铁皮18吨，生产硫酸铔
中兴赛璐洛厂	重庆	随往工人5人，迁移物资54.0吨，主要机械为滚筒车2、粉碎机1、硝化铁锅8、离心力机3、压车4、抛车2、冲床2、马达11，每日生产硝化棉1000磅
美丰祥印刷所	重庆	迁移物资116.5吨，主要机械为印书机4、平面机3、三色板机1、圆盘机5、切纸机2、电铸字炉3、装钉机全套、柴油引擎1、马达2，运往之主要原料为铅字及材料55吨、白报纸10吨、道林纸11吨、其他各种纸12吨，产品为印刷铸字
华丰印刷所	重庆	随往工人24人，迁移物资84.0吨，主要机械为自动铸字炉1、手摇铸字炉6、侧刀1、刨铅条机7、刨床1、制模工具全套、铸版机2、浇铅条机1、报纸全张机1、报纸对开机2、圆盘机5、切纸机1、装订机全套、马达2、铅字4吨，运往之主要原料为各色纸张10吨、卡片纸5吨、油墨400斤，产品为铸字印刷
京华印书馆	重庆	随往工人64人，迁移物资252.5吨，主要机械为铅印机22、彩印机11、雕刻机1、凹版机20、浇字机6、电镀机1、切纸机2、发动机12、铜模铅字69吨、小圆盘铅印机10，运往之主要原料为纸张63吨、油墨1.5吨，产品：铅印部每日可出印成品单面87令，彩印部108令
中国科学图书公司	重庆	迁移物资250.0吨，机件名称不详
开明书店	重庆	迁移物资36.0吨，无机件，运往之主要原料为书面纸25,000磅、白报纸34,000磅，纸型4500磅
生活书店	重庆	迁移物资70.4吨，无机件，全系书籍纸型及纸张
时事新报	重庆	随往工人20人，迁移物资62.0吨，主要机械为印报机全部、铅字铜模4吨，运往之主要原料为白报纸16吨，印刷报纸
美亚绸厂	重庆	迁移物资110.0吨，机件名称不详
震寰纱厂	重庆	迁移物资700吨，主要机械为纱锭10,000，产品棉纱平均20支，每日产25件
申新纱厂	重庆	迁移物资1400.0吨，产品纺纱

第三章　翁文灏的工业建国梦

续表

名　称	迁入地	内迁情况
裕华纱厂	重庆	迁移物资1400.0吨，产品纺纱
汉中制革厂	重庆	随往工人20人，迁移物资42.9吨，主要机械为开皮机1、压花机1、刨肉机1、磨皮机2、磨亮机1、磨里机2、匀皮机1、蒸气锅炉1、马达6，运往之主要原料为化学材料20吨，产率为每日产军用皮带200、防毒面具皮300
六合建设公司	重庆	迁移物资151.4吨，主要机械为水泥拌机及引擎1、水泥小车10，运往之主要原料为钢条110吨、盘丝钢条8吨、洋钉1吨，该厂建筑房屋
震旦机器厂	重庆	随往工人24人，迁移物资13.2吨，无机件，运往之主要原料为铁管铁皮2吨、灭火药粉原料5吨，该厂出品救火器
华西兴业公司	重庆	随往工人2人，迁移物资655.0吨，无机件，运出之主要原料为生铁41吨、铜丝7吨、铁块309吨，该厂出品电器
天原电化厂	自流井	随往工人5人，迁移物资169.0吨，主要机械为土壤分析仪器1、电炉1、电分析器1、烘箱1、离心机1、滤器、榨滤器、氧气筒、变电器2、方棚1、调和机1、打气车1、碳酸气筒，运出之主要原料为化验药品700公斤、柴铜板4700公斤、电料45公斤，该厂每日出品固体烧碱4吨、氧气3吨或漂粉10吨或盐酸12吨
龙章造纸厂	北碚	迁移物资810.5吨，主要机械为1250K·V·A透平机1、马达5、管子锅炉3、加煤机3、造纸机器1部，该厂每日出品道林纸38,000磅，不造纸时可发1500匹马力电动力
大成纺织公司	北碚	迁移物资374.8吨，主要机械为布机123台，该厂出品布匹
新中工程公司	长沙	随往工人40人，迁移物资189.0吨，主要机械为车床25、刨床2、铣床2、磨床2、钻床4，运往之主要原料为生铁50吨、角铁铁板等70吨，该厂出品引擎、桥梁及工作机等
金钢电池厂	长沙	迁移物资11.0吨，该厂出品干湿电池，机件名目不详
公记电池厂	长沙	迁移物资21.0吨，该厂出品干湿电池，机件名目不详
中国窑业公司	长沙	迁移物资180.0吨，机件名目不详
大新荣橡胶厂	长沙	迁移物资126.6吨，该厂出品各种橡胶品，机件名目不详
启文机器厂	湘潭	随往工人2人，迁移物资6.0吨，主要机械为铣床3、刨床2、车床2、雕刻机2、磨床4、钻床5、马达20，该厂出品号码机。另外，由于机件不全，还不能开工
大中华橡胶厂	湘潭	迁移物资31.3吨，主要机械为马达1、炉子1、大滚筒4、传动器1、面子车1，生产各种橡胶品，机件不全不能开工
中国工商橡胶厂	昆明	随往工人60人，迁移物资204.9吨，主要机械为锅炉2、马达13、练和机10、硫化压力机17、切断机4、制浆机4、括胶机1、管子机1、烘钢8、减速机3、冷气机3、抛光机8、出光出料机10、小冲床6，运出之主要原料为橡胶4吨、亚铅笔10吨、促进剂1吨、填充剂3.4吨、补助剂7吨、颜料1.4吨、电料1吨，该厂每日出品军用渡船3只、防毒面具橡皮罩2000只、防毒衣服10套、操鞋6000双、口罩1000个
三北造船厂	宜昌	迁移物资150.0吨，该厂修理船舶，机件名称不详
建委会电机制造厂	宜昌	随往工人100人，迁移物资278.1吨，该厂出品收发电机、马达，机件名称不详

续表

名　称	迁入地	内迁情况
中国铅笔厂	宜昌	随往工人53人，迁移物资245.0吨，主要机械为制造铅笔机全套、钻床2、磨刀机2、马达5、风箱5，运出之主要原料为铅笔30吨、黏土10吨、木板80吨、其他原料30吨，该厂每日出品铅笔500罗（1罗为144支）
万成酱油厂	天门	随往工人1人，迁移物资22.0吨，主要机械为蒸豆锅1、铁炉100只、缸233只、罐100只，该厂出品酱油
中国机制茶厂	恩施	随往工人1人，迁移物资12.0吨，主要机械为木炭煤气炉1、引擎1、发电机1，该厂出品茶叶
中国建设公司	桂林	随往工人3人，迁移物资8.0吨，主要机械为车床3、冲床3、钻床1、锯床1、剪床1、刨床1、马达3，运往之主要原料为铜皮铜丝1200磅、保险丝瓷器750副，该厂出品马达开关每日20部、电钥、电门、手榴弹
光大瓷业公司	桂林	随往工人50人，迁移物资160.0吨，主要机械为制瓷器机器29、升降机1、辘轳机64、匣钵机8、制造大砖机1、瓷釉机1、修理厂机器5、发电机机器2、马达20，该厂出品普通餐具及电料每日产100万件
民营化学工业社	贵阳	随往工人26人，迁移物资19.4吨，主要机械为马达2、水压车2、帮浦1、手压车2、抛车2、冲床7、钻床1、车床8，运往之主要原料为电木粉3.4吨，该厂每日出品防毒口罩600具
中国煤气机厂	贵阳	随往工人100人，迁移物资228.0吨，主要机械为车床16、刨床1、钻床3、剪刀机1、压边机1、铣床1、卷筒机1、压床1、剪刀1、虎钳59、翻砂工具全套、引擎9、马达3、水帮浦11、电焊机1、氧气焊机3，该厂出品煤气代油炉每日3套
利用五金厂	西安	随往工人11人，迁移物资13.0吨，主要机械为车床4、刨床2、钻床2、铣床1、磨床1、电钻1、马达7，该厂出品工具机械

申新纱厂、美恒纱厂、大成纱厂、民丰造纸厂、家庭工业社、新民机器厂正计划由上海迁运至昆明；中国科学图书公司印刷部分正计划由上海迁运至昆明；新亚制药厂正计划由香港迁运至昆明

注：1.本表材料截至1938年2月28日；2.本表所列各厂包括已迁及决定迁往之工厂，唯上海及广东方面正在接洽迁运中者，概未列入；3.机械数量及现有原料系根据由汉口迁出时之报关单，尚未报送者则根据其呈递本会之迁运请求书中之机械清单或到汉登记表；4.各厂尚需补充之原料，因制造品之种类数量而不同，未易估计，复工所需之资金，估计尤难，均不列入。

资料来源：《工矿调整处协助迁往西南之工厂一览表》（1938年2月28日），载《民国档案》1987年第4期。

大后方工矿业的典范：资委会企业的重建、扩建

1938年1月1日，国民政府任命翁文灏为经济部部长；3月，又聘其兼任资源委员会主任、工矿调整处处长。5月23日，翁文灏就任国民政府经济部部长，监誓员吴稚晖训词，"国当重要之时，必需忠贞之士，翁君学问道德，为当代第一人才，向来专心研学，兹因时局艰难，出任经济重责，必能秉其素修，早成宏效"[①]。

全面抗日战争时期，资源委员会的工作以国防为主要目的，以开发建设工业、矿业、电业等三种事业为主。为了配合长

任经济部部长时的翁文灏

期抗战、增加生产、充裕军需，虽然困难重重，仍不避艰险，突破困境，于1937—1945年间，次第创办各类工矿事业。战时工作，首重在后方各地设立电厂、开发煤矿，广为分布，以利于生产。开发油矿、生产酒精、开设植物油料提炼厂，供给大后方公路之交通。是故，在此期间侵华日军封锁虽力，但后方陆路运输所需的液体燃料，仍可自行生产，勉强自给。其他如钢铁、铜、铅、锌等基本金属原料，分别在川、滇、西康等地采收冶炼，就近供给。另外，加强统制钨、锑、锡、汞等外运

---

① 潘云唐：《翁文灏年谱》，载《中国科技史料》1989年第4期。

之矿产品，易货借款，换取军用物资。据1945年12月统计，全面抗日战争时期，资源委员会工矿企业共计125家，其中工业部分为57家，矿业部分为38家，电业部分为30家，分布范围遍及大后方的川、滇、康、黔、赣、桂、粤、湘、甘、青、新等12个省区。重要部门可以分为电力、煤、石油、冶炼、机械、电工、非铁金属、化工等八大类，产品有数百种之多，多为军需民用所需者。

1.电力事业

发电有水力发电和火力发电两种。中国电力事业最先由外国资本在开港地及沿海各主要都市内租界地区创设，之后国人乃在租借地以外区域经营此种新事业。① 全面抗日战争爆发前，电力事业由建设委员会负责。该会于1928年2月18日成立，是一个筹办经营国营电力事业，并指导监督民营电力事业，兼顾水利和矿业的经济管理机构。其中委员长为张静江，副委员长为曾养甫，委员三十三人，行政院各部会长为当然委员，另有设计委员和专门委员若干。

全面抗日战争爆发以前，中国电力事业，集中沿海各省及武汉一带，西北、西南各地电厂数量既少，且设备多陈旧，所有甘、宁、青、陕、川、康、滇、黔、湘、桂各省，共计发电设备25000余瓩（电功率"千瓦"的旧书写形式），约占全国发电容量总数的4%。全面抗日战争爆发初期（1938—1940年），国民政府行政院督饬资源委员会，一方面于后方各重要工业中心创建电厂，另一方面协助各民营及工业自用电厂扩充容量，自此电力事业扩展甚速。资源委员会共设有7个电力单位：（1）川鄂区电厂工程处，设于汉口，主要负责长江和陕甘一带电厂的建设，下辖有万县电厂、武昌电厂、宜都电厂、汉中电厂、兰州电厂等。（2）湘黔区电厂工程处，设于长沙，主要负责办理湖南的湘西电厂（辖沅陵、辰溪分厂）、贵州的贵阳电厂及江西的萍乡电厂。

---

① 则人：《中国电气事业沿革史》，载《上海工商周报》1944年第5期。

（3）云南电厂工程处，设于昆明，电厂厂址设在昆明城西滇池西岸石嘴村。（4）龙溪河水力发电厂，设于四川长寿县。（5）湘江电厂，设于湖南湘潭，于1938年开始供电。（6）西京电厂，设于长安（今西安），供电最早。（7）安庆电厂，设于安徽安庆，至1938年6月12日因安庆失守而停用。

之后各电厂又陆续归并、增设，到抗战胜利时，火力发电单位计有"万县、泸县、自流井、岷江、宜宾、昆湖、贵阳、湘西、湖南、柳州、汉中、西京、王曲、宝鸡、天水、兰州、西宁、浙东电厂18家单位，皆设于重要地点，其容量不敷需要者，则由资源委员会新建或接办，参加投资整理扩充"。水力发电计有"龙溪河、万县瀼渡河、西昌安宁河、汉中渭水、天水藉水、西宁湟水、昆湖喷水洞、贵州修文河电厂等处，皆次第完成发电"。据统计，1937年时的发电容量仅为2275瓩，到1945年已达59,115瓩，递增26倍之多，发电度数亦从1937年的1,522,709度增至1945年的70,135,979度，实际增加了46倍之多。[1]

2.煤矿业

中国煤藏丰富，多集中于东北、华北地区。全面抗日战争爆发后，过去已被开发的产煤区大都沦陷，各大煤矿厂和煤矿遭到破坏和掠夺。战时后方煤矿虽然蕴藏丰富，但是多数尚未开发，而且土法开采者居多，所以大后方实际产量并不丰富，据《矿业纪要》中称后方各省煤矿所占全国总储量的36%。[2]

国民政府迁都重庆后，各工厂相继内迁，湘桂、黔桂铁路亦随之延伸，交通与工业用煤量因而激增。为了满足铁路、钢铁工业以及后方电力之燃煤需要，国民政府明令资源委员会加紧开发后方各省煤矿。到1943年底，大后方每年产煤量在500吨以上的煤矿（含公营和民营），

---

[1] 李学通主编：《国民政府与大后方经济》，章伯锋、庄建平：《抗日战争》第5卷，四川大学出版社1997年版，第316页。

[2] 建子：《中国战时煤矿业概况》，载《西南实业通讯》1944年第10卷第1/2期。

共计691家，其中以四川的480家为最多。①就资源委员会兴办的煤矿而言，在全面抗日战争的八年之中，该会独办及与私人或地方政府合营之煤矿，至1945年7月已多达19家，如四川有建川、威远、嘉阳煤矿公司，四川矿业公司4家单位；贵州有贵州煤矿公司、黔南煤矿筹备处2家单位；甘肃有甘肃煤矿局、甘肃矿业公司2家单位；湖南有祁零煤矿局、辰溪煤矿公司、辰溪煤业办事处、湘南矿务局、湘江矿业公司5家单位；江西有高坑煤矿局、萍乡煤矿整理局、天河煤矿局3家单位；广东有粤北工矿公司1家单位；云南有宣明煤矿公司、明良煤矿公司2家单位。就产量而言，1937年为19808吨，到1945年时已达75万吨以上，增加将近40倍之多，可见致力之程度。②

3.石油工业

"石油——现代战争的血液"，③"现代战争是发动机的战争，因而也是汽油的战争"。④法国名将福煦曾声称"少一点汽油须多牺牲一滴血"。第一次世界大战后，欧洲各国"莫不战战兢兢于汽油之自给"，均着力开采油矿及研制汽油替代品。⑤全面抗日战争爆发前，中国是个贫油国家，国内汽油自给率只占所需的0.2%⑥，汽油的需求多依赖进口。全面抗日战争爆发后，石油问题极为突出，"我国石油方面，开发动力油料，悉为舶来。抗战军兴，海疆封闭，油料来源始形困难，仅余西北、西南两路，西北为苏俄之油，路途过长，一车所载尚不敷其本身之耗用，西南为英美之油，由缅边至渝途程亦达2000余公里，月不能往返一次，运来之油仅能以半数供给他车，故一车每年能运之油多不

---

① 建子：《中国战时煤矿业概况》，载《西南实业通讯》1944年第10卷第1/2期。
② 李学通主编：《国民政府与大后方经济》，章伯锋、庄建平：《抗日战争》第5卷，四川大学出版社1997年版，第317页。
③《石油——现代战争的血液》，载《良友画报》1940年第157期。
④ 钱君礼：《炼油工业的孕育者 动力油料厂：从实验室研究到工厂生产的典型》，载《科学知识》1943年第2卷第1-4期。
⑤ 王宠佑：《汽油关系国防与经济之重要及其替代问题》，载《北洋理工季刊》1934年第2卷第2期。
⑥ 朱斯煌：《民国经济史》，银行学会1948年编印，第241页。

过10吨，合为3000加仑。若我国每年需用油料3000万加仑，则非有1万辆之汽车，专司运油不可。换言之，即在国内维持1辆汽车之行驶，必须另有1辆汽车由国外运油供给之。至于程途遥远、管理繁复、搬运漏耗、车辆损坏以及存栈、储藏、防火、防炸，顾忌尤多，种种困难罄竹难书。是以吾人明知油料供给之匪易，亦明知汽车使用之艰难，然以前方军火饷之转运，后方运输交通之维持，舍汽车外实无其他工具更较胜任愉快，不啻饮鸩止渴，期免因噎废食，求暂时之勉强解决而已"。①

为此，资源委员会较早就着手油矿的调查与开发工作。早在1936年9月就于四川巴县设四川油矿探勘处，从事巴、达两县油田的探勘工作。全面抗日战争期间，除陕北油田钻探因时局关系暂停外，战时致力最深者，为四川油田之调查钻探与甘肃玉门油矿之开发。四川油矿探勘处在巴县石油区虽未发现油源，但仍获大量天然气资源。如重庆轮渡及海棠溪、南川间之公路汽车燃料，均用此种天然气，其效率不亚于汽油。隆昌县圣灯山开井钻探，亦发现丰富之天然气资源，可供当地制盐之燃料使用。1939年，甘肃玉门油矿钻探遇油，资源委员会随即成立甘肃油矿局，建置炼油设备，大量开采，经年来不断努力，颇具成效，西北后方的军运、商运多赖此处之油源供给。②具体产量分别为：1939年，该油矿仅产汽油4160加仑；1940年，为73,013加仑；1941年，在增开新井、扩充炼油厂后，产量逐渐增加，是年生产汽油209,000加仑、煤油113,040加仑；1942年，汽油突破百万加仑达到1,895,724加仑，另外，生产煤油596,936加仑，柴油53,090加仑；1943年，生产汽油3,036,594加仑，煤油558,704加仑，柴油50,789加仑；1944年，生产汽油4,045,936加仑，煤油2,160,647加仑、柴油155,374加仑。③

---

① 《桐油汽车发动机各项优点》，重庆市档案馆藏档案，档案号：0212/0001/00597/0000020。
② 李学通主编：《国民政府与大后方经济》，章伯锋、庄建平：《抗日战争》第5卷，四川大学出版社1997年版，第317页。
③ 《经济部关于战时后方石油开采概括的报告》（1945年），中国第二历史档案馆：《中华民国史档案资料汇编》第5辑第2编《财政经济（六）》，江苏古籍出版社1997年版，第316页。

4.冶炼工业

冶炼事业为重工业之基本，包括钢铁、铜、锌之冶炼，其技术与工程，均极为艰巨，大后方尚缺乏此种工业基础。"后方冶炼工业，以前多用土法，所出之白口铁颇不适用，而制钢之设备尤少，抗战以来，经济部对于钢铁事业，即谋在四川、云南两省境内建立基础，以助各种轻重工业之发展，始则将沪汉各重要钢铁厂分别西迁，继则开发川滇两省之綦江、涪陵、彭水、易门等重要铁矿，并协助商人建设新式小型炼炉。[①]"资源委员会对于此项事业的经营也是不遗余力，总的来看，该会主要集中于钢铁与非铁金属冶炼两项。

在钢铁冶炼方面，全面抗日战争初期，资源委员会会同军事委员会兵工署，拆迁汉阳钢铁厂之部分机器设备，以及大冶铁厂、六河沟炼铁厂之机炉，至四川巴县大渡口，即为"钢铁厂迁建委员会"之肇造。其后其设备逐年增加，成为后方钢铁事业之巨擘。钢迁会主要设备有100吨及200吨化铁炉各一座，100吨平炉及3.5吨贝塞麦炉各两座，1.5吨电炉一座，及轧钢厂设备全部，并开采綦江铁矿、南桐煤矿，以供原料、燃料所需，[②]所出产品专供兵工企业制造兵器。其次，云南安宁的云南钢铁厂，该厂于1939开始筹备，1943年7月开工生产，以供云南地区需求。1944年又于四川威远创办威远铁厂，就地采砂炼铁，以供川西需求。同年，又参与民股，合办"资和钢铁公司"。另外，还与国民政府经济部矿冶研究所合办"陵江炼铁厂"等。[③]

在非铁金属冶炼（有铜、铅、锌等）冶炼方面，资源委员会也不遗余力。铜为制造电线、械弹之重要原料，是兵工制造及国防不可或缺者。资源委员会最初设有重庆炼铜厂及昆明炼铜厂，将废铜炼成精铜。

[①] 秦孝仪主编：《中华民国重要史料初编——对日抗战时期》第4编《战时建设》（3），中国国民党中央委员会党史委员会1988年版，第590—591页。

[②] 秦孝仪主编：《中华民国重要史料初编——对日抗战时期》第4编《战时建设》（3），中国国民党中央委员会党史委员会1988年版，第591页。

[③] 李学通主编：《国民政府与大后方经济》，章伯锋、庄建平：《抗日战争》第5卷，四川大学出版社1997年版，第318页。

1941年7月，重庆炼铜厂合并纯铁炼厂及綦江炼锌厂，改称"电化冶炼厂"，生产电铜、电锌及特种铜材，这些产品均为兵工特种材料。1939年3月，"昆明炼铜厂"改称"昆明电冶厂"，以电炼铜锌为主；1943年，该厂试办炼铝成功，开中国炼铝工业之滥觞。[①]

5.机械工业

机械工业为各种工业之母。全面抗日战争爆发前，资源委员会延聘物理学家王守竞在湖南湘潭筹建机器制造厂，战时该厂迁至昆明，改称为"中央机器厂"[②]。中央机器厂是国民政府资源委员会为培育机械工业而创办的大型国有企业，其技术代表了战时中国机械工业的最高水平。

中央机器厂下设透平发电设备、锅炉、煤气机、发电机、汽车及工具机、纺织机七个部门，设备新颖，效能优越，为后方机械工业之冠。1940年，该厂正式生产，除承制兵工器材外，主要成品有2000瓩蒸气透平发电设备、煤气机、水轮机，各式作业机、工具机，以及交通工具，此类产品皆工程艰巨，尤以齿轮、铁刀等工具之精密准确，颇具价值。1941年7月，中央机器厂在四川宜宾开设分厂，1944年改称为"宜宾机器厂"，以制造工具机、作业机为主。此外，中央机器厂亦在江西设有"江西机器厂"及"江西车船厂"，由江西省政府参予经营；在广东与省政府合办"粤北铁工厂"；在甘肃设办"甘肃机器厂"，亦系与省政府合资经营生产，以适应战时需要。[③]

6.电器工业

电器工业即电工器材工业之简称，于军事通讯及交通关系甚大。资

---

① 李学通主编：《国民政府与大后方经济》，章伯锋、庄建平：《抗日战争》第5卷，四川大学出版社1997年版，第319页。
② 严鹏：《战时大后方工业企业的技术演化——以中央机器厂为中心》，载《近代史学刊》2015年第14辑。
③ 李学通主编：《国民政府与大后方经济》，章伯锋、庄建平：《抗日战争》第5卷，四川大学出版社1997年版，第319页。

源委员会于全面抗日战争爆发前即开始筹建，之后逐渐扩充。主要单位有"中央电工器材厂""中央无线电器材制造厂""中央电瓷厂""华亭电瓷厂"及"江西电工厂"等。"经济部资源委员会于湖南设有中央电工器材厂、中央电瓷厂及中央无线电机制造厂，后因战事转进，分别迁建。中央电工器材厂设第一厂于昆明，制造各项铜铁导线，第二厂于桂林，制造真空管及电泡，复设支厂于重庆，第三厂于昆明，制造电话机，第四厂于桂林，制造变压器、发电机、电动机等。中央电瓷厂迁设沅陵，复移总厂于宜宾，于沅陵、衡阳各设分厂，专制绝缘瓷器。中央无线电机制造厂迁设桂林，于昆明、重庆各设分厂，专制无线电有关各项机件，后改名为中央无线电器材厂。"①

中央电工器材厂原设于湖南湘潭下摄司，初设电线、管泡、电话三厂，继后将设于上海的"电机制造厂"归并为"电机厂"，合成四厂。全面抗日战争爆发后，该厂迁至昆明，在桂林、昆明、重庆、兰州、贵阳等地筹设5个分厂。主要产品有发电机、电动机、各式电话机、变压器、绝缘电线、灯泡、电池、开关设备等，其品质不低于外货。中央无线电器材厂最初设于长沙，后迁至桂林，与湖南省政府、中央广播事业管理处合办，并在昆明、重庆两地设有分厂，生产各种收发报机、航空发射机、大小收音机、手摇发电机等，大部份供交通部及军政部使用。中央电瓷厂最初设总厂于长沙黄土岭，后迁至四川宜宾，并于湖南沅陵设有分厂，制造各种绝缘瓷件，如绝缘子、瓷管、瓷夹板、灯头、插座等。②

7.金属矿业

非铁之金属矿有铜、铅、锌及钨、锑、锡、汞、铋、钼等多种，前者为兵工器材重要原料，战时尤为重要，后者为中国赖以易取物资之

---

① 秦孝仪主编：《中华民国重要史料初编——对日抗战时期》第4编《战时建设》(3)，中国国民党中央委员会党史委员会1988年版，第593页。
② 李学通主编：《国民政府与大后方经济》，章伯锋、庄建平：《抗日战争》第5卷，四川大学出版社1997年版，第319-320页。

外销特种矿产。战时后方之铜、铅、锌原料贫乏，资源委员会虽不遗余力经营数年，但是成就并不大，主要有四川彭县铜矿，西康会理、越巂与云南东川之铜铅锌矿，等。就钨、锑、锡、汞诸矿而言，多为民间开采，多系商人自由经营。1936年，资源委员会开始奉命对民间矿业予以管制，分别设立管理机构，如锑业管理处、钨业管理处、锡汞管理处等。一方面协助材料之供给、技术之改进、资金之融通，从而督促开采事宜；另一面，自营生产，统制出口，因应国际需要，维持国外债信。[1]

8.化学工业

战时后方创办化工事业，多为因应战时需要而设，以从事液体燃料代用品之制造为主，主要有酒精厂、油料厂、酸碱厂、水泥厂、耐火材料厂五种。其中以酒精需求量最大，"由于战时运输燃料需要量大，汽油外来途径日蹙，国内生产方始起步，难望大量供应，而以动力酒精之制造，法简易行。资源委员会乃于1938年6月首创四川酒精厂，1939年成立资中酒精厂，此后在各省亦先后自办或接办酒精厂，大小共有19个（家）单位，可见需要量之多"[2]。从1938年大后方第一家采用以糖蜜为原料的酒精厂（四川酒精厂）建成，到1942年止，后方各省之酒精厂，无论公营或民营，总计221家，其中四川85家、西康1家、贵州3家、云南3家、广西9家、广东9家、福建11家、湖南21家、江西7家、浙江5家、安徽1家、陕西28家、甘肃7家、湖北1家、河南30家[3]。就全国酒精厂的分布情况来看，四川酒精厂最多，产量也最大，实际产量占全国酒精产量的60%以上，初步形成了以四川为酒精主要生产基地的分布格局，其中以资中酒精厂规模最大，可制造无水酒精。

钢迁会大渡口钢铁厂开炉时，著名人士张一麟曾写下"华严楼阁现

---

[1] 李学通主编：《国民政府与大后方经济》，章伯锋、庄建平：《抗日战争》第5卷，四川大学出版社1997年版，第320页。

[2] 李学通主编：《国民政府与大后方经济》，章伯锋、庄建平：《抗日战争》第5卷，四川大学出版社1997年版，第320—321页。

[3] 杨公庶：《抗战以来后方之酒精工业》，载《西南实业通讯》1943年第8卷第5期。

平畴，百炼钢成绕指柔，天道终由人定胜，考工子弟亦同仇"的诗句，肯定了工厂内迁的重大意义。

  在全面对日艰苦作战的情况下，资源委员会能从事各项工矿事业之缔造建设，以维持战时经济及作战力量于不坠，殊为难能可贵，对于抗战之影响及贡献至大。

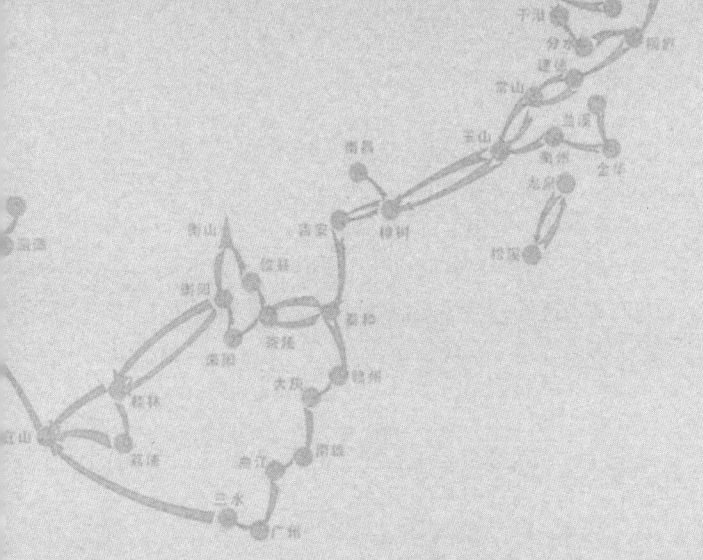

第四章

范旭东的华西化工基地

1945年10月2日,中国化学工业之父范旭东突患急性肝炎,于10月4日下午三点溘然长逝,终年62岁。临终前,叮嘱后人要"齐心合力,努力前进"。10月6日,重庆《新华日报》以"我国民族工业巨子范旭东先生逝世"为标题报道了范旭东逝世的消息,又在同月21日发表了许涤新的悼念文章,文中写"为中国的化学工业打下了基础的范旭东先生,突然逝世,这不仅是工业界的损失,也是国家民族的损失"。

崛起于津沽，盛名于"永久黄"

"我们感到无限的悲痛，悲痛中国失去了一位工业界的战士，悲痛我们失去一位可以携手合作为中国经济建设而奋斗的友人。"[①]当时正值重庆谈判，蒋介石送去"力行至用"挽联；毛泽东题写了"工业先导，功在中华"的挽联，由周恩来代表毛泽东亲往南园吊唁；郭沫若敬颂挽联："老有所终，壮有所用，幼有所长；天不能死，地不能埋，世不能语"；胡厥文敬颂挽联："建国方新，忍看工业有心人溘然长逝；隐忧未已，何图生产实行者弗竟全功"。各界共送诔词、挽联两百余幅。11月14日，由22个团体在重庆江苏同乡会举行隆重的追悼会，参加追悼会的有吴蕴初、侯德榜、阎幼甫、郭沫若、沈钧儒、章乃器、胡厥文等一批工商界名流。"永久黄"企业集团（范旭东创办的永利化学工业公司、久大精盐公司、黄海化学工业研究社）的管理和科研人员陈调甫、侯德榜、孙学悟、任可毅、黄汉瑞、石上渠、李金沂、唐汉三等人将对范旭东的追思化为一篇篇情真意切的文字，先后在《海王》杂志发表了《化工界开路先锋——范旭东先生》、《范旭东先生之伟

范旭东

---

① 许涤新：《悼范旭东先生》，载重庆版《新华日报》1945年10月21日。

大》(该文在《科学》杂志发表时改名为《追悼范旭东》)、《追念范兄》、《纪念范旭东先生》、《回忆范先生》、《学学范先生》、《范公旭东生平事略》、《学习范先生工作精神》、《永别了,领袖》、《范旭东先生没有死》等悼念或回忆性文章。在这些文章中,除高度评价范旭东缔造"永久黄"集团的卓越功劳和其为发展民族化学工业的奋斗精神外,尤其深切缅怀范旭东作为他们事业"领袖"的高风亮节和"伟大人格",表示"同人唯有继承先生之遗志,遵循先生之计划,齐心合德,努力前进","今后不仅守成,还要把范先生的遗志继续完成"。范旭东逝世三周年之际,《海王》代表"永久黄"团体郑重表示:"我们以'齐心德合,努力前进'来虔诚地纪念我们的导师——范先生!"①

范旭东雕像

久大精盐公司塘沽厂址

---

① 李玉:《范旭东与"永久黄"集团的企业文化》,见曾凡英主编:《盐文化研究论丛》第1辑,巴蜀书社2005年版,第33页。

第四章　范旭东的华西化工基地

1900年，范旭东在兄长范源濂（曾任北京政府的教育总长）资助下，东渡日本留学；1910年，以优异成绩毕业于京都帝国大学理科化学系；1911年，回国后在北洋政府北京铸币厂任职，负责化验分析，不久，被派赴欧洲，考察英、法、德、比等国的制盐及制碱工业。

1915年，范旭东在天津创办久大精盐公司，股本5万元。久大精盐公司以海滩晒盐加工卤水，用钢板制平底锅升温蒸发结晶，生产出中国第一批精盐。精盐纯度达

"海王星"商标

到90%以上，洁净、均匀、卫生，品种有粒盐、粉盐和砖盐等多种，传统制盐方法生产出来的粗盐根本无法与之相比。范旭东亲笔设计了一个五角形的商标，起名"海王星"。经过不懈努力，久大精盐公司打破了英国卜内门化学工业公司对中国精盐市场的垄断局面，并成功抵制住淮扬传统盐商的压力，到1917年时，公司年产精盐15万担，并因价廉质优而销路日广。

在精盐上取得突破后，范旭东马上又转战制碱业。当时国人最常见的装束是粗布长袍，色彩单调且不耐磨。经过印染的布料是一种奢侈品，因为印染需要用碱，而碱又十分昂贵。在制碱业，以氯化钠与石灰石为原料的"苏尔维法"是最先进的技术，西方国家在这方面已经形成专利垄断，对外绝不公开。当时垄断中国纯碱市场的是英国卜内门化学工业公司。欧战爆发后，远洋运输困难，英商乘机将纯碱价钱抬高七八倍，甚至囤货不卖，使许多中国布业工厂陷于停顿。范旭东曾到卜内门的英国本部参观，英国人嘲弄地说，你们看不懂制碱工艺，还是看看锅炉房就好了。范旭东决意雪耻制碱，一群跟他意气相投的青年科学家围拢在他的周围，其中有苏州东吴大学化学硕士陈调甫、上海大效机器厂的厂长兼总工程师王小徐、东京高等工业学校电气化学专业毕业生李烛

尘和美国哥伦比亚大学化学博士侯德榜。这是企业史上第一个真正意义上的科学家团队，李烛尘日后出任中华人民共和国的食品工业部部长，侯德榜因独创的"侯氏碱法"而闻名世界。

1918年，永利制碱公司在塘沽成立。陈调甫和王小徐在范旭东的家中建起了一座3米高的石灰窑，制成一套制碱设备，在进行了三个多月的试验之后，打通了工艺流程，制出9公斤合格的纯碱。永利经历的磨难更甚于久大，其前后竟长达八年。在工厂的筹备中，垄断制碱技术的几大国际公司严格保密，几乎无法采购到成套的机器设备，一切都需重新设计、钻研自制。1924年8月，永利投入200万元，才终于产出了第一批成批量的碱制品。可是，令人失望的是，生产出来的仍是红黑相间的劣质碱。

永利制碱厂塘沽厂址

1926年6月29日，永利终于生产出纯净洁白的合格碱。范旭东给公司制品取名永利纯碱，以区别于"洋碱"。同年8月，在美国费城举行的万国博览会上，永利纯碱荣膺大会金质奖章，专家的评语是："这是中国工业进步的象征"。从1927年到1937年，永利的纯碱年产量翻了三倍多，"红三角"牌纯碱远销日本、印度及东南亚一带。

第四章 范旭东的华西化工基地

永利碱厂的主体厂房南北高楼耸入云天，碳化厂房高32米，共有8层，蒸吸厂房高47米，达11层，不但是华北第一高楼，更是塘沽乃至整个天津的标志性建筑。

1930年，范旭东计划筹建中国的硫酸产业。他向国民政府实业部提出报告，希望借助国家财政支持筹办碱厂、硝酸厂、硫酸厂，然而国民政府无力资助该计划实施，他的希望落空。但是，他并未气馁，1930—1933年间，他奔波于各家银行之间，竭力融资促进这个项目，终于在1933年获准成立南京厂，设计能力为年产硫酸铵5万吨。

1937年2月5日，南京厂正式投产，生产出了第一批国产的硫酸铵。硫酸铵可以生产硝酸，制造炸药。当时战争阴云密布，该消息一经发布，国人为之一振。范旭东在日记中写道："列强争雄之合成氨高压工业，在中华于焉实现矣。我国先有纯碱、烧碱，这只能说有了一翼；现在又有合成氨、硫酸、硝酸，才算有了另一翼。有了两翼，我国化学工业就可以展翅腾飞了。"

南京永利铔厂厂址

正当范旭东雄心万丈的时刻，全面抗日战争爆发了。卢沟桥事变前夕，日本军舰已经开入天津塘沽港，范旭东恐有大变，当即组织人员拆迁设备，退出工厂。工程师们将留在厂内的图纸有的烧毁，有的秘密保存，以为日后重建做技术准备。工人们拆除了石灰窑顶部的分石转盘及遥控仪表和当时代表最新技术水平的蒸馏塔温度传感器以及碳化塔的部分管线。拆下来的仪器和图纸分批乘船南下，经香港转道武汉和长沙，之后又陆续转移进川，成为大后方重建的重要财富。

1937年秋，日本军部华北开发公司授意其下属的兴中公司夺取永利碱厂，兴中公司多次向留守永利碱厂的李烛尘施压，李烛尘坚决不同意。1937年12月10日，日军下令强行接管永利碱厂，日本兴中公司的人员进入厂内，范旭东在塘沽的产业就此全部落于日本人之手。

南京厂同样没能逃脱被夺厄运。永利铔厂开工不到半年，全面抗日战争爆发。范旭东随即将工厂由原来生产化肥改为生产硝酸铵，日夜不停赶制炸药，以供应军需。1937年，日本侵略军逼向南京，先后三次以"安全"相要挟，提出"合作"管理南京铔厂。范旭东表示"宁举丧，不受奠仪"，严词拒绝！阴谋未遂，日军便将永利铔厂纳入重点轰炸范围。1937年8月21日，一批敌机向永利铔厂投弹10余枚。《"永久黄"团体历史珍贵资料选编》中记载了时在香港的范旭东发来的电报原文："电悉敌不惜再三来袭，足见本厂与民生国计关系之密切，物质损失何足萦怀，全员平安是所至慰。吾辈当以最大忍耐与信心，克服一切困难，为祖国化工尽瘁至敌人屈服而后已，幸毋悲愤，仍当努力恢复工作。"9月27日，工厂又遭飞机轰炸，范旭东再次发来慰问电："敌机轰炸本厂早在意中，诸君立于国防工业第一线，悲壮胸怀可歌可泣……"；10月9日，范旭东冒险亲临永利铔厂慰问视察；10月21日，工厂第三次遭遇日军轰炸。一个月中，永利铔厂共中弹87枚，厂房设备遭到严重破坏，生产不得不全

李烛尘

面停止。痛定思痛，范旭东指示侯德榜整理重要图纸和易于装拆的机件转运武汉、四川，运不出去的图纸则付之一炬；主要技术人员一律携眷西撤。永利铔厂西迁后，与从天津塘沽、青岛、海州西迁的"永久黄"团体同人会聚，选定四川五通桥创办永利川厂，奠定了华西化工基地的地位。

西迁自贡，构筑华西化工中心

全面抗战爆发后，产盐丰富的长芦、淮北、两浙地区盐场相继沦陷，使依靠海盐供给的湘、鄂等省食盐来源中断。1938年，为了解决该地区军民食盐问题，并增加税收，国民政府下令增产川盐，并特别强调增加产量先从富荣东西两场（自贡盐场）着手。在这一背景下，范旭东克服重重困难在自贡重建久大盐厂，其首要目的是响应国民政府号召，增加盐产，支持持久抗战。[①]自贡井盐业历史悠久，但是，井盐业凿井艰辛异常，清代宋治性《井盐歌》对此做了形象描述："高山凿石百丈深，井深一丈千黄金。井水不知在何许，年来已是三易主。东山山匠巧心力，能补地罅穿鳌脊。脚踏圆刀二百斤，凿断千山万山脉。自言十五走犍为，便至五十身未归。长把竹头敲明月，更与人家管兴歇。朝敲破宅转高楼，暮敲高楼转破宅。君不见，西山井房全盛时，挽歌彻夜马群嘶。只今篱破屋无瓦，惟有饥儿傍晚栖！"到了近代，传统手工井盐制盐技术达到了极高水准。但是，由于交通闭塞，井盐业极少采用现代制盐技术，致使制盐成本过高，不利于战时盐业发展。范旭东素来重视科学技术的作用，他选择在自贡重建久大盐厂，既是为了响应国民政府增产加运的号召，也有在自贡推广先进制盐技术带动整个井盐业发展的考虑。

久大精盐公司的产品，质优价廉，供不应求，先后六次增资扩股，

[①] 谭刚：《范旭东在自贡重建久大盐厂原因述评》，载《盐业史研究》2001年第3期。

资本总额达到210万元。1936年，久大精盐公司在江苏大浦建立第二个制盐工厂，成为横跨中国南北的大型企业。1937年3月，久大精盐公司总部迁往上海，更名为久大盐业公司，产量由最初的每年3万担增至100多万担。全面抗战爆发后，为了防止久大盐业公司设备落入敌手，为了支持后方盐业发展，范旭东积极筹划，将久大盐业公司从上海辗转内迁到四川自贡。[①]

战时自贡釜溪河及运盐船

1937年12月13日，南京沦陷，日军沿津浦北上，蚌埠告急，久大盐业公司大浦第二工厂被迫停工，准备西迁。范旭东指挥优先撤退300多名技术人员，并抢运可以搬动的机器、图样和模型，无法移动的重型设备则拆走仪表或给予破坏，以免资敌。12月26日，开始西迁，总务主任杨胤侯办理车运，负责将存盐及重要机件运到汉口，资正一、何麓山留守工厂。1938年初，"永久黄"集团员工、眷属千余人乘坐民生公司轮船陆续集中到汉口。随后，范旭东组织人员抢运浦厂各种设备运至汉口。同年夏，日军由连云港登陆，资正一离厂经过沪入川，何麓山将工

---

① 梁安琪：《战时"义"与"利"的纠葛：1938至1942年久大公司与自贡盐商纠纷研究》，西南大学硕士论文，2016年。

厂所存粗盐、煤炭等销售完毕,将款汇至上海后撤退。至此,久大沿海业务尽失,是创办以来最黑暗的时期。①

国民政府和川康盐务管理局的支持,使范旭东决心将久大盐厂建在自贡。1938年初,四川盐务管理局局长缪秋杰在重庆偶遇范旭东,他向范旭东谈了川盐发展情况,认为战时增产问题要紧,希望久大盐业公司能够在贡井、自流井一带设厂,并极力邀请他到富荣、犍为、乐山一带考察。2月24日至27日,范旭东、侯德榜等人在缪秋杰的陪同下,参观了自贡盐厂。自贡盐场制盐技术的落后情况使范旭东等人感触颇深,深感改良自贡盐场制盐技术责任重大,"知识分子个个都有责任,尤其是朝野靠盐吃饭的人们,应该不要完全漠视"。②

缪秋杰

范旭东筹建华西化工中心的宏伟构想与当时国民政府开发大西南、建立大后方化学工业区的计划不谋而合。1938年初,国民政府拟定了《西南西北工业建设计划》,规定新的工业基地及地域以川、滇、黔、湘西为主,并拟将四川沱江流域及岷江流域包括泸县、内江、五通桥、自流井地区建为化学工业区。③1938年初,缪秋杰指定富荣张家坝模范盐厂旧址为久大盐业公司重建用地,协助久大盐业公司备价购买。3月14日,范旭东回武汉向武汉国民政府财政部呈文,认为食盐不外三种,晒海水为盐、采掘矿盐及凿井汲卤水制盐,而战时第三种办法最为

---

① 梁安琪:《战时"义"与"利"的纠葛:1938至1942年久大公司与自贡盐商纠纷研究》,西南大学硕士论文,2016年。
② 全国政协文史资料研究委员会、天津市政协文史资料研究委员会编:《化工先导范旭东》,中国文史出版社1987年版,第222—223页。
③ 《西南西北工业建设计划》,中国第二历史档案馆馆藏档案,经济部全宗,档案号:4-34829。

适宜,并调度设备入川。①一方面,他指挥抢运大浦制盐厂设备运至汉口,并在汉口及香港购买大量器材,从宜昌转运入川;另一方面,他指示由迁往重庆的永利碱厂自行承造部分材料运往自流井。3月16日,李烛尘、唐汉三、何熙曾三人到重庆,设立久大驻渝办事处。3月19日,会同先到的钟履坚赴自流井张家坝准备相关事宜。4月4日,久大上呈四川盐务局创办盐厂,定厂名为"久大自贡模范食盐厂",采用钢制平锅,新式炉灶,以煎花盐为主,随时将一部分花盐用机器压成一定重量之巴盐,以便外运,暂计划年产100万担,并遵守川省行盐定章,所产之盐仅济销省外或受省外同业定购者。久大还同时承诺,本厂制盐技术完全公开,听凭同业仿效;若同业需兴办盐厂,久大愿为其负责设计和代办工程。川盐增产任务紧急,盐务总局很快批复久大"迅即筹备进行",并令备价接收张家坝模范盐厂旧址,以作厂基。旋即,久大派厂长唐汉三和驻自贡办事处主任钟履坚到张家坝实地踏勘,对在张家坝是否适合久大建厂进行评估。评估的结果是:在张家坝附近买地并不困难,但讲价立契颇费时日。而张家坝停建的这块场地已做过平基,并存有部分砖木建材,最好连地带料一起买下。4月9日,唐汉三、钟履坚再次奔赴自流井,在自流井石板上街设立久大驻自流井办事处。4月12日,久大盐业公司从长江下游购运的首批钢板和其他机件材料到达自流井,与此同时,范旭东电请尚在沦陷区塘沽盐厂的老职员张锡庚,秘密联系技术工人徐公岭、李金明等人,偷越敌占区,乘坐英国轮船绕道入川。4月20日,签订契约,张家坝厂基易主久大,久大盐业公司西迁自贡告一段落。②

但是,自贡当地场商因担心久大盐业公司侵夺其权益,极力抵制。1938年4月26日,久大自贡模范食盐厂正式破土动工,但是,不久就发生

---

① 赵志:《平锅制盐在自贡盐场的兴起经过》,见政协四川省自贡市委员会文史资料研究委员会编:《自贡文史资料选辑》第17辑,政协自贡市文史资料研究委员会,1987年,第62—64页。

② 梁安琪:《战时"义"与"利"的纠葛:1938至1942年久大公司与自贡盐商纠纷研究》,西南大学硕士论文,2016年。

民国时期的自贡盐商

了聚众焚烧、捣毁久大自贡模范食盐厂器材、工棚的事件。自贡盐商群起反对，担心新式制盐侵夺其传统利益。久大盐业公司独资买地大规模建厂，在自贡历史上前所未有。虽然久大盐业公司有"遵川省行盐定章，无论产销概不请求专利""本厂制造技术，尽量公开，听凭同业仿效"的承诺，但自贡场商还是恐惧久大盐业公司挤占其产额，更恐惧久大盐业公司技术先进，难与竞争。他们联合地方势力，极力阻挠，一时间函电交驰，群起反对。自贡场商抵制久大盐业公司有三大理由和一个建议。三大理由是：其一，久大盐业公司来自贡设厂，拒绝与自贡场商合资，是范旭东一人挟资谋利；并设钢板平锅筹煎炭花盐，计年产一百数十万担，与自贡东西两场全部天然气所产之盐相等。属于损众肥私，鲸吞业务，置自贡数十万工商生计于不顾。其二，自贡场商"尊令增产，设灶已齐，投资甚巨。因卤煤两缺，仅煎十分之三，余尚虚设。再加久大等厂，不仅煤卤不济，且使场商设灶巨资概归乌有。足见（久大）单独设厂，乃与增产无关，只需煤卤两丰，增产自必有著"。其三，"久大挟巨资及新工具与场商竞争，则新兴旧灭，势有必至"，"国家所需化学工业，较制盐尤殷，以久大人力财力，极应从事于此，何必准以兼并盐民事物？"一个建议是：严令范旭东"将久大（自贡模范食盐厂）一切设备，交由整个场商按产平均投资，备价接办，用维全体生计"。

久大驻自流井办事处主任钟履坚，对自贡部分场商提出的问题和要求做了一一答复：第一，关于"侵占厂商业务，掠夺盐民生计"问题。久大盐业公司川厂除技术人员外，其余工人多在本地雇佣，是为增加当地劳工之出路。购买富荣东西两场之卤水，采购附近之煤以及包装等物资，多系就地取材，年需数十万元。"总之，久大推销川省物产于省外所得之钱，出年缴盐税一千余万元外，散之于四川省，年需数百万，非但增物力之效，活泼金融，实是百利而无一害。""久大此次来川，原为增产，而所认产额，又为财政部新近核定，对自井场商固有产额并未占有丝毫。同时，自井场商在固有产额之外，更增三百万担，不但未被任何人侵占，而反大量扩张矣。在增产原则下，废井废灶都须推煎，盐民不愁无工作，何忧失业？"第二，关于自贡同业参股久大川厂问题。

自贡盐商余述怀像

"久大乃股份有限公司,参加新股,必召集股东会议通过。久大已经办十个厂,张家坝乃第十一厂,股本既未可另行分开,则同业欲参加新厂,必须加入久大盐业公司之股份,而不能单独参加第十一厂。现抗战时期交通阻滞,召集股东会实不可能;况旧有各厂损失程度未明,新股东加入即摊任其损失,亦非久大方面所乐为。目前股东流离者多,必肯将股票让度,久大可函知各股东征收,以让兴川盐同业。如同业愿意,久大公司自可试办,亦补救方法之一。"第三,关于改进技术,减轻川盐成本问题。久大写了一篇《维护川盐的正确途径——减轻成本》的文章,说"要救济川盐成本昂贵,只有从减轻成本做起。久大在张家坝所采取的制盐办法,在原则上虽与炭灶相似,但在成本上要比炭灶减轻,在产量上亦比火灶增多。为目下适应增产起见,当以这种办法最为适宜,缘其设备较简而速,并能大量生产"。

当久大自贡模范食盐厂因设厂问题遭到自贡部分场商的抵制和反对时,盐政部门给予一定支持。[1]久大自贡模范食盐厂厂长唐汉三回忆道,设厂期间,"倘无缪剑霜(秋杰)先生之苦心维护,盖亦难矣。曾记有税警十数人,于夜冒雨夜荷枪赶到,余梦中惊起询问,则云系奉命保护而来,得以弭乱于未萌,其盛意可感也"[2]。1938年4月14日,范旭东致函缪秋杰,表露了交通不便影响盐场增产的担忧,认为川盐不能发展除技术原因外,交通不便与燃料供给问题亦是重要原因,并希望缪秋杰能够呼吁国民政府迅速拨款,改善交通及燃料供给情况。缪秋杰在任期间,对自贡地区的公路、河道进行了大规模整治,他委托迁川的"华北水利委员会"担任盐区航道的勘测设计,由川康盐务管理局工程处整治盐井河、威远河道300余千米。之后,国民政府持续整治盐区河道,例如,1943年4月18日,为加强运输能力,便利盐运事业,财政部核准通过《川康盐务管理局办理拨船修船贷款暂行办法》,从该办法的内容来看,川康盐务管

---

[1] 谭刚:《企业外部环境的变迁与调适:抗战时期自贡久大盐厂的建立与发展》,载《盐业史研究》2015年第3期。

[2] 赵津主编:《"永久黄"团体档案汇编——久大精盐公司专辑》(下册),天津人民出版社2010年版,第561页。

理局为了加强运输力量，便利盐运起见，规定"凡经本局给照邓关分局登记有案，及邓关拨船公会所辖，所有现在能装运盐觥行驶之拨船，如需款修缮船只时，均得依照本办法规定，向本局邓关分局申请贷款"，也即对执行食盐专卖政策、服从盐务管理机关领导的船户予以贷款扶植。尽管该办法规定的贷款金额不高，但是一分二厘的月息，不难看出政府的扶植意图。①1944年美丰银行自流井办事处业务会议报告不乏溢美之词："抗战以来，从沿海相继沦陷后，我国食盐全靠自井供给，自1943年政府下令加紧生产，接应军需民食，特设专门管理，并疏浚井盐河，曾在四行贷用巨款，仿照巴拿马运河建筑方式，筑闸数道，以利盐运。从前运出邓关一次，即需时半年以上，且搬滩用费甚巨，现已畅通无阻，四乡公路四通八达，现有公路，东接内江，西通乐山，南达富顺，报载井宜公路又将始修，将来完成，则自井之繁荣，万难想象。"②

1938年5月11日，四川富荣东西两场全体盐业十二个公会主席联名致电国民政府各部门，明确表达了对久大盐业公司和四川盐务管理局的不满，要求各长官"速电缪局长，严令范旭东将盐厂交由场商接办，仍立指导地位，以符提倡初旨，而免剥夺富荣全体工商生计"③。5月24日，自流井东场灶商引盐业同业公会呈请四川盐务管理局，对久大制盐公司"乘人之危，侵夺业务"的行为进行了强烈谴责，"范旭东初以学者态度来井指导提倡，厂人竭诚欢迎，优礼相待。乃见利忘义，谋取厂基，蓄志侵吞，私囊独饱，范氏之所为如此，是则富荣数十万盐民之生计，横被掠夺，以供范氏一人之私，情岂能甘，而为患实不可测也。……久大公司之侵略行为，实属有背公理，欲使盐民为此不合理之屈服，……恐非峻罚严刑所能办到也"。

1938年6月8日，针对自贡部分场商反对久大自贡模范食盐厂的问

---

① 《川康盐务管理局办理拨船修船贷款暂行办法》，载《盐务月报》1943年第17期，第82—83页。
② 《美丰银行自流井办事处业务会议报告书》，重庆市档案馆藏档案，美丰商业银行全宗，档案号：0296-14-0167。
③ 《四川省政府快邮代电据李秉熙等呈请转电范旭东将盐厂交由场商接办一案转电核办由》，自贡市档案馆藏档案，川康盐务管理局全宗，档案号：3-5-893。

自贡盐商公会代表合影

题，财政部盐务总局总办朱庭祺上呈蒋介石，予以解释，"该厂（久大自贡模范食盐厂）建设，行将完成，以自贡制盐之应积极改进，与夫目前增产需要之急切而论，此项盐厂之应由久大承办，已属势在必行，殊不宜任场商方面藉词阻挠，致碍进行"[①]。

1938年7月6日，针对自贡部分场商认为久大来自流井设厂会加剧富荣盐场卤水和煤炭供应困难的指责，缪秋杰则明确指出，在卤水问题上，"久大盐厂每日仅需卤水二千七百担，为数固甚微也"；至于燃料问题，"久大盐厂每日需煤七十吨，每月折合约需煤八千包，如整个煤炭增产计划得有解决时，此区区之数，故不足影响全局。否则即无久大之盐厂，此问题仍不能失其严重性也"[②]。并对此种抵制行为进行了批评，"场商固步自封，恃抵税及专岸为护符，昧于时势，及见他人以新法制盐，不知急起直追，取法乎上，反而疑虑，横生百般阻挠。此次久

---

① 《财政部盐务总局朱庭祺呈委员长蒋介石》（1938年6月9日），自贡市档案馆馆藏档案，川康盐务管理局全宗，档案号：3-5-893。
② 《四川盐务管理局局长缪秋杰上呈财政部盐务总局朱庭祺》，自贡市档案馆馆藏档案，川康盐务管理局全宗，档案号：3-5-892。

大来川设厂，根本上认为外来势力之侵入，疑忌尤深"。①

1938年8月，国民政府公布了《抗战建国纲领财政金融实施方案》，在盐税部分规定首先是增加川粤两区产量，以备鲁淮潞（旧指山西运城地区）等失陷后接济湘鄂豫皖陕等之食用。"各该省本年内需盐约850万担，必须另筹来源，除岸存已有约350万担外，待补充者为500万担，现定就情形较为可靠之川粤两区优先分别增产计，本年川区增产400万担，粤区增产200万担"。其次是调整运销设置。收运机关与地方政府及民营公司切实合作，大量运储以防盐荒，沿海一带产区，上年采用纳税移囤，官商并运方式大量赶运，在扼要适中地点囤储。近因食盐来源只有川粤浙闽四区，湘鄂赣皖等省均待接济，复经商妥民生公司，川盐自渝运宜由该公司下水轮船，以三分之二以上载量装运。粤盐由盐务机关自购柴油汽车，并由商办运输公司协助赶运，浙盐由浙省政府负责限期运到南昌济销，闽盐亦正计划开辟运道。②

战时自贡盐场天车

---

① 《久大盐业公司在自贡设厂及井灶商人反对有关行营、盐场总商来往文件》，自贡市档案馆馆藏档案，川康盐务管理局全宗，档案号：3-5-892。
② 《国民政府抗战建国纲领财政金融实施方案》，见中国第二历史档案馆编：《中华民国史档案资料汇编》第5辑第2编《财政经济》（一），江苏古籍出版社1997版，第14页。

1938年11月18日，范旭东上呈四川盐务管理局，感激盐政机关的支持，他说设厂期间，"公司备受同业排挤，通电诬控，声势汹汹，曾为稍加介意，诚以公道主持在上，安用计较于一时？"①但是，场商的阻挠也的确给久大自贡模范食盐厂的工作带来较大困难。范旭东直言面对的困难，"惟内地风气未开，举办大规模工业至难，交通阻滞，材料取携不便，已足困人，而人事纠纷，尤堪扼腕。公司虽遇事公开，凡可忍耐，然犹未能尽免，实始意所万不及料"②。在久大与自贡场商的设厂纠纷中，久大自贡模范食盐厂做出较大的妥协，久大自贡模范食盐厂所制盐品，战时行销非川盐销区，每年产盐数额不超过60万担。③

1939年9月18日，久大自贡模范食盐厂落成。范旭东选择这一天开工就是要告诉久大员工勿忘九一八事变，勿忘国耻。当天，久大自贡模范食盐厂张灯结彩，热闹非凡，自贡各界及同业300余户受邀参加，到厂参观者达2000余人。范旭东在开工典礼的致辞中讲道："久大的命运是与祖国交织在一起的，当今国难当头，决不能苟且偷生，决心破除任何困难，再树盐业化工基地，与祖国共存亡，以遂久大服务社会微末之志，让在渤海照耀了二十多年的'海王星'，重新闪烁于自贡的上空"④，并强调"中国制盐工厂决不消灭于敌人的侵略，绝不屈服于敌人的炸弹，同时，为由工业方面培养吾们长期抗战的力量"⑤。其时，仅有三口大平锅，每口锅蒸发面积约90平方米，日产花盐200担。而当时自贡盐场沿用的是厚度达1寸多、蒸发面积仅1.3平方米的铸铁圆坦锅，少则两天半多则七八天，才成盐一锅，仅七八担。就是这三口锅（后增至七口）在今天看来是再简单不过的，用3公分厚钢板电焊而成

---

① 《范旭东上呈四川盐务管理局局长缪秋杰呈文》，自贡市档案馆馆藏档案，川康盐务管理局全宗，档案号：3-5-892。
② 《久大盐业公司总经理范旭东上呈四川盐务局呈文》，自贡市档案馆馆藏档案，川康盐务管理局全宗，档案号：3-5-892。
③ 详细的纠纷及解决方案，参阅梁安琪：《战时"义"与"利"的纠葛：1938至1942年久大公司与自贡盐商纠纷研究》，西南大学硕士论文，2016年。
④ 赵志：《久大自贡制盐厂简史》，载《自流井》1985年第3期。
⑤ 《范旭东在久大自贡模范制盐厂落成开工大会上的致词》，见政协四川省自贡市委员会文史资料研究委员编：《自贡文史资料选辑》第15辑，政协自贡市文史资料研究委员会，1985年，第124页。

的，长56尺、宽12尺、深1尺半的煎盐大平锅，结束了盐都自贡一千多年来井盐生产的原始工艺历史。久大自贡模范食盐厂，后被简称为"久大川厂"，由此而成为四川盐业敞锅制盐技术革新的先导。张家坝，也由此而成为自贡工业近代化的发祥地。

  国难当头，盐场增产为第一要务。在张家坝挣扎的久大川厂，仍然做出了不凡的业绩。1938年8月，久大盐业公司自贡食盐厂，在四川率先采用平锅制盐，且在制盐工艺上打破了"无泹不成盐"的陋习，即不用母液、不用豆浆就能生产出洁白卫生的食盐，既节约能耗，又缩短成盐时间，开创了自贡科学制盐的先河。1940年9月，久大盐业公司自贡食盐厂所属机器厂厂长彭九生，发明电力推卤机并试制成功。这台在凉高山荣泰井首次试用的电力推卤机车，开始了自贡盐场电力推卤的历史。1941年冬，久大自贡模范食盐厂受原料不足的限制，不得不利用多余的厂房和设备成立副产部，用制盐留下的母液，试制出化工产品硼酸、硼砂、碘素等。1942年，久大食盐副产品厂成立，开启了自贡盐化学工业的里程碑。1943年5月，久大与永利、黄海公司联合在贡井成立三一化学制品厂，生产氯化钾、硼砂、硼酸、溴素四种产品。是年，久大自贡模范食盐厂生产副产品，氯化钾12吨、硼酸24吨、硼砂24吨、硫酸镁20吨、溴液2吨、碳酸镁20吨、碳酸钙20吨；三一化学制品厂产盐副品，氯化钾20吨、硼酸10吨、硼砂20吨、溴液4吨、碘0.5吨。[①]久大率先在自贡生产盐化学产品，这引起自贡盐场震动，自贡盐商争相建厂，生产化工产品。

[①] 王成敬：《扶持川盐副产品工业之必要》，载《四川经济季刊》1945年第2卷第2期。

依托大后方，创制"侯氏碱法"

战时川省盐业获得快速发展，与食盐生产技术水平的提高和生产工艺的改进是分不开的。1938年3月14日，范旭东在给国民政府财政部的改进川盐意见中指出：一是改用钢质平锅及新式炉灶，以节省燃料，增加产量；二是用机器压制砖盐，以代替巴盐，收效必甚显著；三是尽力修改水运河道，减轻折息，以轻负担。为了真正推广先进制盐技术，同年4月4日，范旭东在上呈《四川盐务管理局关于申办久大自贡模范食盐厂》的文件中，明确提出两个原则：一是本厂制造技术，可尽量公开，听凭同业仿效；二是设同行间有兴办盐厂设计相委托的，久大于双方契约下将允为负责代办。这种重视科技的精神、广播技术的胸怀，在范旭东创办久大精盐公司时已经体现出来。

对近代工业起巨大促进作用的是"学术"，而"学术"产生和发展的前提则在于"研究"。正如范旭东所言："第近世工业，非学术无以立其基，而学术非研究无以探其蕴，是研究一事，尤为最先之要务也。"范旭东从其在塘沽提炼精盐开始，就走上了一条科技创业之路，在基础科研方面的投入是必要的。范旭东对基础科研给予高度关注，对办科研与办实业同等重视，这在范旭东于1922年创办黄海化学工业研究社的事例上就可得到充分说明。[1]

1922年，范旭东将久大精盐公司化验室扩大，成立中国第一个私立

---

[1] 李玉：《范旭东与"永久黄"集团的企业文化》，见曾凡英主编：《盐文化研究论丛》第1辑，巴蜀书社2005年版，第39页。

化学研究机关——黄海化学工业研究社。黄海化学工业研究社，是中国最早的由民营企业设立的学术研究机构，也是中国近代第一个化工研究机构，其内部组织"约分调查、化验、工程诸部分，专事化学工业学理之研究"[1]。

1937年，天津沦陷后，黄海化学工业研究社迁至江汉；1938年春，在长沙名胜之水陆洲购地建筑新社，"立本社在黄河以南之始基"，其菌学部迁入四川，先借重庆南渝中学科学馆先行恢复工作，旋即又迁至五通桥，租赁民房，重启部门之研究。1938年7月，长沙水陆洲新社落成，调查及分析两部门先行试运营。同年11月，汉口沦陷后，长沙执行疏散，水陆洲社务只得暂停，全社停留长沙的人员全部迁移到四川，[2]"在五通桥树立了华西化工学术研究的重心"[3]。战时，除了主要研究照常进行外，也响应战时国家抗战需要，从事西南资源之调查分析与研究工作，比如，川盐之改进，卤水之应用，五棓子之制没食子酸及其衍生物之研究，等等。

范旭东等久大精英初到四川（1938年）

---

[1]《黄海化学工业研究社》，载《中华化学工业会会志》1925年第2卷第1期。
[2]《黄海化学工业研究社沿革》，载《海王》1942年第14卷第32期。
[3] 丁宁：《记黄海化学工业研究社》，载《文化新闻》1945年第233期。

全面抗日战争时期，哈佛大学的工学博士孙学悟[①]担任黄海化学工业研究社主任。早在1931年，孙学悟就专程到四川进行了为期四十多天的调查，他在撰写的《考察化学工业报告》（黄海化学工业研究社调查报告第1号）中指出"虽然四川是个地大物博的省份，但因为山多平原少，农业必须采取小规模的做法。例如沱江流域的糖业，原料不集中，不适合大规模制造。化学工业方面，四川化工厂规模小、多采用家庭式生产，而且数量极少，其中一个存在了十多年的用罗勃郎法造碱的厂，每日产量只有3000斤。由此可以推测四川的化学工业发展落后程度。因为地理位置上的关系，四川省不得不办几种基本化学工业，以求自行供给"。[②]全面抗日战争爆发后，范旭东率"永久黄"各企业与机构西迁四川，久大在自贡自流井设厂，永利在自贡五通桥新辟化工基地，范旭东命名为"新塘沽"。宁、沽技术人员一律留用，不使一人失业。孙学悟在此情况下，提出"化学研究不要在大城市凑热闹，要和生产相结合""用中国原料研究生产中国需要的产品"[③]的理念。在他的带领之下，使用发酵技术实现了五棓子的综合利用，成为在五通桥时期黄海化学工业研究社最为重要研究成果之一。在一定程度上，可以认为在内迁之后的十二年里，黄海化学工业研究社的科研成果与内迁前相比，不相上下。[④]

黄海化学工业研究社是中国近代第一个民营科学研究社，起初"专研究精盐副产及化学制造方法，对于原料之探讨、成品之检查、制法之讲求、技术之研究尤为注意"。其经费除有赖久大、永利两公司划拨外，以范旭东为首的永利制碱公司的七位发起人自动将应得发起人酬劳金捐助该社，以促进科研发展。黄海化学工业研究社的科学研究为久

[①] 孙学悟（1988—1952年），字颖川，也名孙颖川，化工专家。
[②] 《黄海化学工业社编考察四川化学工业报告、河南火硝土盐之调查及汾酒酿造情形报告》（1931年），中国第二历史档案馆藏，经济部全宗（四），案卷号：39965，第5—10页。
[③] 陈歆文，周嘉华：《永利与黄海：近代中国化工的典范》，山东教育出版社，2006年版，第178页。
[④] 石大姚：《中国农民银行投资实业研究——以棓酸工厂为中心的考察》，西南大学硕士论文，2017年。

大、永利的实业发展提供了"锁钥"和"智囊",成为"'永久'事业之神经中枢"。后来,范旭东广聘著名学者,以英国皇家学会和法国法兰西科学院作为黄海化学工业研究社楷模,尊重研究人员的个人志趣,相继吸引了一大批学者,将科研攻关方向扩大到其他关系国计民生的领域,先后在制革、制纸、制麻、制肥料、冶金、发酵、中药提炼、改良农村化工等领域取得成果,多数在国内处于领先水平。①

全面抗战爆发后,黄海化学工业研究社的研究人员与永利及久大的技术人员一起内迁。1938年初,研究人员携贵重仪器与药品25箱,中外图书约3000册,到达长沙。菌学研究室的部分人员则直接西迁入川,暂时在重庆南渝中学的科技馆开展工作,随后,再迁至五通桥。武汉沦陷后,黄海化学工业研究社全体研究人员全部撤至五通桥。在五通桥,黄海化学工业研究社做出重要贡献,其中最为重要的是:①改变了四川传统的井盐制盐工艺。富荣盐场井盐,因为盐卤稀薄,加工时费时费料,极为不便,黄海化学工业研究社设计出了用风力浓缩卤水的简易设备。这项技术大大缩短了加工时间,并节省了三分之二的原料。随后,又设计了电力汲卤机,大大提高了汲卤水的效率。②根除了当地的"趴病"。当时,犍为、乐山地区流行一种来势凶猛的地方病——"痹病",当地方言称为"趴病"。这种病十分奇特,发病突然,多从脚部开始,然后蔓延全身,虽然神志清醒,但是全身无力,待麻痹转到心脏后,便停止了呼吸,死亡率极高,当地医生束手无策。黄海化学工业研究社的研究人员经过反复的研究,终于发现这种病的病源为一种对人体危害性极大的化学元素"钡",而这种元素大量存在于当地生产的井盐中。该社研究人员设计了除钡装备,一举攻克了当地顽疾"趴病"。②

范旭东麾下集结了大批优秀人才,除分别毕业于美国哥伦比亚大学

---

① 李玉:《范旭东与"永久黄"集团的企业文化》,见曾凡英主编:《盐文化研究论丛》第1辑,巴蜀书社2005年版,第39—40页。
② 苏智良等编著:《去大后方——中国抗战内迁实录》,上海人民出版社2005年版,第111—112页。

和哈佛大学并获得博士学位的侯德榜、孙学悟外，尚有毕业于日本帝国大学和美国哈佛大学、参加过设计建造美国最大航空母舰的傅冰芝，以及从日本东京高等工业学校毕业的李烛尘，从美国普渡大学毕业的李祉川，毕业于东吴大学被范旭东送往美国留学的陈调甫，从德留学归来的阎幼甫，等。黄海化学工业研究社更是吸引了大批学者，其中有美国留学归来的张克忠、长伯年、长松年、区嘉伟、江道江博士，法国留学归来的徐应达博士，德国留学回国的聂汤谷、肖乃镇博士，以及国内大学毕业的方心芳、金培松等人。

一般知识分子在久大和永利公司的生产与管理一线同样受到重用，时人记述："中国工业初期，都是采工头包办制，（久大）公司力矫此弊，聘请多数外国留学生及国内大学生或专科生分别主持其事，以专责成。总经理除指示大政方针外，听其自由，故人尽其才，颇能收分工合作之效。"久大和永利在人才培养方面也不惜花费，"历年派往外国留学者，络绎不绝于途；抗战（爆发）后遣往美国实习求学者更多"。时人称："三十年来本团体所花教育费用，苟精密统计之，足使庸俗惊讶失色，然（范）先生为事业计，为国家计，知栽培后进，乃基本扼要之图，故毅然行之而无吝也。"到1936年范旭东发起成立中国工业服务社时，"永久黄"团体已经"聚百余专门的工业技术人才"和"千余人的熟练工匠"[①]。

在西迁自贡期间，黄海化学工业研究社为改良当地制盐技术贡献良多。迁川初期，在久大自贡模范食盐厂的高级技术人员达20余人，其中有郭灏清、刘福远、吴炳炎、赵如晏、彭九生、杨子南、刘家树、范乙仙、李佳兴、唐汉三、唐仕坚等人。[②]范旭东对改良川盐技术也颇为自信，"公司经营盐业历二十余年，于制造技术，略窥门

---

① 李玉：《范旭东与"永久黄"集团的企业文化》，见曾凡英主编：《盐文化研究论丛》第1辑，巴蜀书社2005年版，第40—41页。
② 张毅甫：《久大盐业公司自贡制盐厂始末记》，见中国人民政治协商会议四川省自贡市委员会文史资料研究委员会编：《自贡文史资料选辑》第1—5辑，1982年，第162页。

径，受难之余，不甘自馁，猥以改善川盐技术相督责"①。为了降低制盐成本，久大自贡模范食盐厂采取了三项技术：第一，推广平锅制盐技术，以扩大受热面积而达到节省燃料的目的。全面抗战爆发前，富荣盐场制盐使用的是土灶，平锅制盐比土法先进得多，平锅受热面积与炉条面积之比为30∶1，土灶则为6∶1，是故土灶未能充分利用热能；平锅制盐是连续性的，不需要如土法那样熄火后再行重置，较经济便捷；平锅炉条分上下两部，上部倾斜，易于煤炭充分燃烧，不像土灶之烟尘满屋。总之，平锅制盐可以节省煤耗30%。久大自贡模范食盐厂并未将此技术秘而不宣，而是积极推广。如久大自贡模范食盐厂厂长唐汉三所言，平锅制盐，渐为本地绅商所重视，除设立试验厂外，该厂谨遵守技术公开承诺，凡以技术问题咨询者无不竭诚协助。②第二，发明了晒卤台，通过浓缩卤水以节约燃料。晒卤台于1939年5月完成，利用自然条件晾晒卤水，大大节省燃料，开创了自贡盐场的新纪元。据久大自贡模范食盐厂估计，1939年6、7、8月间，该厂利用晒卤台晒卤水，每日能蒸发水分15吨，以每吨煤蒸发4吨水计算，每日可省煤约4吨，该技术迅速在富荣盐场推广。第三，推行电力汲卤技术，以降低技术成本。③电力汲卤比传统的牛力推卤效率提高了很多，据估算，一台电力汲卤机的功效相当于60头水牛，用一台电力汲卤机每日所需费用按照1940年的价格计算为203.5元，而60头牛每日所需费用为284元，可节省约80元。④

---

① 《久大盐业公司总经理范旭东上呈四川盐务管理局局长缪秋杰呈文》，自贡市档案馆馆藏档案，川康盐务管理局全宗，档案号：3-5-891。

② 赵津主编：《"永久黄"团体档案汇编——久大精盐公司专辑》（下册），天津人民出版社2010年版，第564页。

③ 战时自贡井盐制盐技术的进步，主要表现在三方面：（1）井盐汲卤技术设备的改进，即由卧炉机车取代站炉机车。站炉机车马力为60—100匹，日汲卤250—300担，而卧炉机车马力可达250—300匹，昼夜汲卤达千担以上。1941年以后，自贡岩盐井几乎全部采用卧炉机车汲卤。（2）电力机车取代蒸汽机车。1941年自贡生产了第一部电力机车。1943年有八眼井采用，年产卤17余万担。1944年黑卤井已近一半使用电力机车汲卤，产量达150余万担。（3）机车扇卤的发明及真空制盐新工艺的试行。鲁子健：《抗日战争时期的四川盐业》，载《盐业史研究》2008年第2期。

④ 谭刚：《企业外部环境的变迁与调适：抗战时期自贡久大盐厂的建立与发展》，载《盐业史研究》2015年第3期。

晒卤台遗址

  在旧中国科技人才如凤毛麟角的历史背景下，范旭东之所以能在其麾下集结这么多优秀人才，除他的实业雄心与爱国精神感召和自我培养外，还在于他尊重和爱惜人才的高贵品格。范旭东知人善任，真正做到纳贤而不妒其能，用人而必尽其才。他和技术、管理人员共同奋斗，相濡以沫，尤其是他"遇事则功归于人，过归于己"的谦逊态度，便使属下深受感动。例如侯德榜从美国学成归国后，范旭东委任他为永利碱厂技师长兼制造部部长，让其发挥才能，大胆创新。但永利碱厂初创时期，技术问题较多，初次出碱失败，一时流言蜚语向侯德榜和范旭东袭来，有人说侯德榜本是学制革的，不懂制碱，要求换人。范旭东顶住来自股东、员工和社会方面的巨大压力，尽力排除对侯德榜的干扰。同时，劝慰侯德榜，不要被挫折吓倒，鼓励他努力奋斗。侯德榜深为感动，遂"一意从事死拼，谋求技术问题之解决"。[①]

  全面抗战爆发前，西部地区原有化工工厂如制酸制碱等，多属小型的。全面抗战爆发后，规模较大的化工工厂相继内迁。五通桥之永通化

---

① 李玉：《范旭东与"永久黄"集团的企业文化》，见曾凡英主编：《盐文化研究论丛》第1辑，巴蜀书社2005年版，第40页。

学公司，从事制碱；重庆之天原电化厂，制造盐酸、烧碱、漂白粉等；长寿之中国煤气公司制造电石；重庆之庆华化学染料厂制造染料；等等。内迁使西部地区的化工工业有了较大的进步。[①]

吴半农在《后方工业鸟瞰》（1943年5月）一文中对中国制碱工业做了完整的梳理。"酸碱均为一切化学工业之基础，且为制造军火之原料，其有关一国之国防，至为重要。过去我国化学工业多偏重于日用品方面，如烛皂、火柴、化妆品、电木等类之产品逐年增加，且能替舶来品之地位，惟酸碱工业则甚不发达。截至二十五年止，全国仅有制酸厂12家，资本不过500万元，年产约计盐酸为6万余担，硫酸为25万余担，硝酸为3万余担，醋酸为4000余担，其中以天利氮气厂、两广硫酸厂、广东硫酸厂、开成造酸厂、天原电化厂、渤海化工厂等为较大。制造有机酸类之醋酸，在国内仅江南化学厂一家。碱类工厂在战前不过六七家，资本500余万元，年产碱86万余担，其中当以塘沽永利为最大，即其一家之资本及产量均占全部碱厂80%。若益以兴业、渤海两家，则塘沽之制碱业已占全国90%以上。次之则为上海之天原、开元、肇新三家。至如氮气厂则仅有永利铔厂及天利氮气厂两家。永利铔厂规模宏伟，于二十六年三月开工，日产硫酸铔150吨、硝酸40吨。抗战发生以后，津沽失守，塘沽永利沦于敌人，卸甲甸铔厂亦以拆卸过迟，陷入敌手，实为中国化学工业一大损失。近年以来，基本化学工业颇形发达，政府对之奖助颇多，至今已有44厂，计酸厂31家，碱厂13家。四川方面有29家，贵州有4家，云南有3家，广西、江西、陕西均各有2家，浙江1家，资本12000余万元，约占化学工业资金总额25%，其中以浙江为首，四川次之，云南、贵州又次之。生产能力，最大为硫酸10000吨，硝酸5000吨，盐酸1000吨，纯碱2000吨，烧碱1000吨。然实际产量则距此尚远。计三酸总额不过2000吨，碱不过3500百吨，此盖由于原料有限，大厂如犍为新永利尚

[①]《行政院工作报告——内迁厂矿、发展工业及开发矿产部分》，见秦孝仪主编：《中华民国重要史料初编——对日抗战时期》第4编《战时建设》（3），中国国民党中央委员会党史委员会1988年版。

未建成，公营方面亦少大厂，故历年来生产不能大增。公营造酸厂不过5家，碱厂不过1家，平均分配于川、黔、滇、赣、浙、鄂六省，但公营势力则以浙、滇、黔、赣四省为盛，若川、桂、陕、鄂则属诸民营。实际上酸碱工业仍极薄弱，资本在百万元以上者不过10家，公营、民营各居一半，且尚有未建成之新永利在内。有15家资本在1万至5万之间，有13家资本在5万至10万之间，平均资本每厂尚不及30万元，且有半数以上之厂家系在民国三十年后开工，故设备较差。"①

1937年，全面抗战开始后，范旭东、侯德榜积聚二十年心血创制的亚洲最大的碱厂和亚洲一流的硫酸铵厂，皆落入日本人手中。但是他们并未气馁，率众西迁入川，在华西筹建新的化工基地。酸、碱两项是建设化工基地必不可少的基础，可是川西用盐历来全靠从深井中抽出的卤水熬制而成，并且川西富荣盐场所汲卤水多为低浓度的黄卤。此种卤水制碱，利用率仅70%，且成本极其高昂，再用苏尔维法制碱，生产无法维持，为此必须另谋新路。

1938年，范旭东、侯德榜等人获悉德国有一种察安法制碱专利，该法制碱的利用率可达90%~95%，他们认为如将这种制碱新法用于川西化学工业颇为合适。于是，范旭东率领侯德榜、张克忠、寿乐、侯虞笕等人奔赴德国考察，准备购买专利。代表团抵达德国后，碍于政治原因（德国与日本关系密切），德国方面极尽刁难之事，对代表团予以严格限制和技术保密，并索要高昂的专利费用，范旭东、侯德榜决心回国自行研制。在德国期间，侯德榜经过了解，得知察安公司已发表三篇关于察安法制碱的文章，并刊布了察安法专利说明书。他们收集这些资料，经过考察体会，对该制法的优缺点有了一定的了解。比如，察安法仅适用于小规模操作，每日不过产氯化钠10吨，其缺点在于间断性操作，不具备连贯性。

回到国内，实验工作首先在自贡五通桥进行，但是，工作一段时间

---

① 吴半农：《后方工业鸟瞰》（1943年5月），见国民政府经济部统计处编印：《后方工业概况统计》，1943年。

后，实验人员发现五通桥这里的材料、仪器、通信等条件有诸多不便，不利于顺利开展实验。比如，制备碳酸氢铵时所用的氨，在工业落后的华西，根本没有生产，要从华西仅存的一点儿硫铵（肥田粉）中加石灰乳蒸出，实在不行就得从人尿中提取。

1939年，侯德榜决定将实验搬到香港范旭东寓所进行，郭锡彤、谢为杰、张燕刚、黄炳章等参加试制。实验从重复德国察安法专利内容开始，可是效果极其不理想，整个装置内如同一锅粥。不得已，试制人员重新分析专利内容，重新设置10多个实验条件，共进行了500多次循环，分析了2000多个样品，每个条件均重复做了30遍。当时的工作十分紧张，侯德榜在美国实验，对香港方面实验遥控指挥，在港实验人员每天工作均在十二小时以上。

1939年秋，在香港的实验人员基本摸清了察安法的各种工艺条件。10月，侯德榜由美国回国，与实验人员对前一阶段试验进行认真总结，同时研讨了不用碳酸氢铵为原料而代之用氨和二氧化碳的水溶液直接进行复分解反应的可行性，试图对察安法制碱有所突破。

为了实现工业化，必须扩大实验，但是当时香港局势也有诸多限制，比如英国的卜内门公司的远东基地设在香港。为了防止泄密，1940年1月，范旭东、侯德榜决定将实验室迁到上海法租界进行，由郭锡彤、张燕刚、黄炳章三人负责。谢为杰奉调美国哥伦比亚大学实验室继续对察安法做深入细致的探索，这也方便侯德榜就近指导。另外，又调李祉川、李又新、寿乐、林文彪等人到美国加强实验和永利川厂的设计工作。经过上海和哥伦比亚大学两地实验人员的不懈努力，改造察安法取得成功。

1941年3月15日，为了表彰侯德榜在开拓新法制碱上的功绩，永利川厂举行厂务会议，范旭东亲自提议命名这一新的制碱法为"侯氏碱法"（Hou's Process），与会人员一致同意，并于次日致函向正在美国工作的侯德榜祝贺，函称侯德榜"抱愿恢宏，积二十余年深邃学理之研究，与献身苦干之结果，设计适合华西环境之新法制碱，为世界制碱技术辟一新纪元"。但是，侯德榜并不满足于已取得的成就，他认为新法制碱虽比察安法有很大突破，但还不理想。侯德榜计划运用二十余年来制碱、制氨的经验，要寻找一种更理想的制碱方法，把制碱工业和合成氨工业结合起来，把现有的制碱技术再向前推进一步。侯德榜认为，不用碳酸氢铵做原料，使盐、氨、二氧化碳直接在碳化塔起反应，生成重碱又可连续生产，这是索尔维法的优点；察安法则可以提高食盐利用率，而使食盐中的两种离子分别进入两种产品，还免除了废液、废渣的排放问题。当然，合成氨厂中的二氧化碳再也不能当作废气放掉了，它是制碱不可缺少的原料。如果能广采索尔维和察安两法的长处，一种崭新的制碱方法就可能产生。

1942年，侯德榜等人在美国实验室试制10公斤纯碱和几十公斤氯化钠，品质均合格。试制方法是完全的连续性操作，与德国察安法不同。之后，侯德榜等人经过反复试验，经过三处实验室的不懈努力，终于试制成功。为了早日实现氨碱联合流程的宏伟理想，侯德榜在对氨供应极紧、控制极严的美国，通过种种关系，克服重重困难，购到一些氨，远涉重洋经印度，用飞机越过喜马拉雅山到云南，转运四川，提供给半工业性新法制碱实验用。

永利碱厂

1943年秋，经过在川人员的紧张准备，五通桥永利川厂安装好连续法半工业化实验装置。这套装置由石灰窑、压缩机、碳化塔、吸氨塔、吸氨母液贮桶、两种母液贮桶、抽滤桶、真空泵、结晶桶、分离机、冷却器、干燥机等设备组成。11月，新流程的半工业化实验开始。这次实验由永利化工研究部的郭锡彤、谢为杰、张燕刚、刘潜阳等人负责，李树梧、张天佑、余祖燕等人参加。这次实验的目的是：将间断法改为连续法；考察连续法产品和母液的质量；考察连续法母液平衡问题。连续试验在化工研究部同事的努力下顺利进行，仅用了两个多月时间，已取得满意的结果。一个与察安法截然不同的氨碱联合流程——侯氏碱法终于完成。①

1943年11月，侯德榜荣膺英国化学工业学会名誉会员，消息传来，范旭东亲自组织"永久黄"团体在川两千余人召开庆祝大会，并做了《中国化工界的伟人——侯博士》的演讲，称"中国化工能够挤上世界舞台，侯先生之贡献实当首屈一指"。

侯德榜（1890—1974），福建省闽侯县人，爱国科学家，著名制碱专家，中国近代民族化学工业的先驱。20世纪20年代，侯德榜参与建成亚洲第一座纯碱厂——永利碱厂，打破了外国在制碱技术上的封锁垄断；20世纪30年代，他主持建成具有世界先进水平的南京硫酸铵厂；20世纪四五十年代，他又发明了连续生产纯碱与氯化铵的制碱新工艺，以及制碳酸氢铵化肥新工艺，并在20世纪60年代实现工业化生产，为我国化学工业的发展写下了光辉一页。

侯德榜

---

① 陈歆文：《侯德榜与侯氏碱法——献给建国50周年》，载《纯碱工业》1999年第5期。

1943年12月，中国化学会第十一届年会在自贡的五通桥召开。在此次会议上，"侯氏碱法"正式与学术界见面。"侯氏碱法"一经发布，立即在国际上引起广泛的关注，并得到国际公认。此项创制，开辟了中国乃至世界化学工业的新天地，侯德榜也因此获得了中国工程师学会第一届化工贡献最大者荣誉奖章、英国化学工业学会荣誉奖章、美国哥伦比亚大学奖章及特赠的科学博士学位、范旭东纪念奖金奖章，并荣任英国皇家学会会员、美国化学工程学会会员、美国机械学会会员，而且为美国机械工程学会的终身荣誉会员。[1]

1945年春，在五通桥筹建碱与氨合并的工厂，应用食盐的氯根，以固定合成氨，作为氮肥料，即甲方的废料可以作为乙方的原料，彼此相因相生，大大减低制造成本，是为最理想的结合。不过，该厂因抗战胜利而中止，中华人民共和国成立后重新开制。[2]

---

[1] 高苏：《中国制碱工业的先驱——侯德榜博士》，载《化学通报》1979年第5期。
[2] 侯德榜：《向北京大中学校教师们介绍新法制碱——侯氏碱法》，载《化学通报》1954年第8期。

第五章

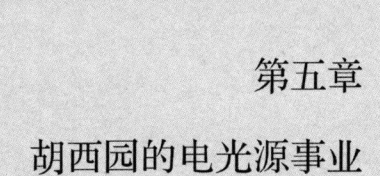

胡西园的电光源事业

胡西园，是近代中国电光源事业的先驱者和佼佼者，被称为"中国的爱迪生"，战时携亚浦耳电器厂西迁重庆，因地制宜，开拓业务，创立了新亚热水瓶厂、开远松香厂等八家工厂，成功扎根西南。同时，他积极为《中国工业会法》鼓与呼，希望借此确定工业界的法定地位，以保障后方工业在抗战中及抗战结束后的地位和权益。

胡西园——"中国的爱迪生"

胡西园（1897—1981），宁波镇海柴桥（今属宁波北仑区）人，著名的宁波帮实业家和民族电器工业家，被誉为中国"电光源之父"。1919年，从杭州浙江高等工业学校机电专业毕业后，胡西园怀着"实业救国"的抱负，即开始在上海创业，矢志从事民族工业活动。全面抗战爆发后，胡西园将其在上海的企业——亚浦耳电器厂内迁至湘西，重建并改称西亚电器厂。之后，又将西亚电器厂迁移到重庆。胡西园除经营西亚电器厂之外，还在以重庆为中心的战时大后方，创办了新亚热水瓶厂、开远松香厂、开泰化工厂等企业，为保障战时供给做出了贡献。他不仅是宁波帮在大后方实业界的代表人物之一，而且也是在大后方工业界中具有重要影响力的企业家之一。[①]

胡西园

中国亚浦耳电器厂，初由德人创办，1925年胡西园接办，是为中国首创之电灯泡制造厂，全面抗战爆发前日产各种灯泡2万余只，销路遍

---

① 宁波帮博物馆编：《抗战大后方宁波帮资料：以陪都重庆为中心》，宁波出版社2013年版第67页。

南洋及国内各大城市，总厂原设上海杨树浦，初始资本为50万元。①工厂成立后，胡西园积极添购机器，广招工人，聘用富有经验的技术人员。当时适值全国提倡国货运动，"亚浦耳"灯泡在与"奇异""飞利浦"等洋灯泡的竞争中异军突起，声誉日著。1928年工厂改组为股份有限公司。1929年，原上海倍开尔路（今惠民路）场地不敷使用，于是在沪东辽阳路购地10余亩，自建新式厂房，男女工人由百余名增至500余名。1931年，在杨树浦鄱阳路设立分厂，置地15亩，建筑最新式厂房，特聘电机专门人才，制造各种日用电器，如电风扇、马达、电火炉与电钟等。②抗战爆发以前，上述产品已经畅销全国各地。其中，电灯泡产量尤大。日产量可以达到25,000只。

亚浦耳灯泡广告

中国亚浦耳电器厂有明确又精准的广告策略。其广告策略主要以提倡国货为中心，借助消费国货品牌民众心理，与舶来品竞争。广告核心词汇是"中国人请用中国货"，并始终围绕"中国首创、省电耐用"八个字做文章。中国亚浦耳电器厂办事处筹设广告部，其中有设计、绘图、撰文、编排、发布等五个方面的分工，并且不放过任何做广告的机会。在大小报刊、电影院、戏院、轮船码头及各风景区的游艇、各线的火车站路牌等，还有节假日。比如，旧时4月4日为儿童节，每年儿童节，中国亚浦耳电器厂必招待数以千计的小学生来厂参观。每人赠送食品一包，食品纸包上印有"爱国同胞，请用国货""中国亚浦耳敬赠"字样，还赠送电灯泡一只，并附印好的说明书，托来厂的小学生交其家

---

① 宁波帮博物馆编：《抗战大后方宁波帮资料：以陪都重庆为中心》，宁波出版社2013年版，第68—69页。

② 邱志仁：《中国电灯泡制造之鼻祖——上海亚明灯泡厂》，载《上海档案》2013年第2期。

长，希望在用了亚浦耳灯泡后提一些意见，以便进行改进。又如，1932年9月18日，九一八事变一周年纪念日，中国亚浦耳电器厂、章华毛纺织厂、家庭工业社、中国窑业公司等四个厂合办的富星广播电台开播，胡西园与中国亚浦耳电器厂董事长秦润卿、章华毛纺织厂程年彭、家庭工业社陈小蝶、中国窑业公司胡祖庵等人，在广播电台摆设茶话会招待上海各界人士，并邀请电影界郑正秋、高梨痕、胡蝶、顾梅君、顾兰君、朱秋痕、郑小秋等人参加茶话会，广播爱国歌曲及其他爱国节目。当天，上海的所有大小报刊全部以两大全版刊登这次活动，以及"抵制日货""提倡国货"。再如，上海圣约翰大学是美国办的一所教会大学，战前举行一次建校纪念活动，晚上有晚会，大约需要3万只小灯泡，约需1万元。校方希望无偿借用美国奇异灯泡厂的灯泡，奇异灯泡厂未能同意。学校学生会找到中国亚浦耳电器厂，胡西园同意借用，条件是要在圣约翰大学广场醒目位置，竖立一块电灯泡广告，内容为上面一行"中国人请用中国货"，中间"国货亚浦耳电灯泡"，下面一行是"中国首创、省电耐用"，还要在会场显明地方张贴"本会场都用国货亚浦耳电灯泡"字样的各色纸条。这是中国亚浦耳电器厂首次在高等学

中国亚浦耳电器厂

府宣传该厂产品。

中国亚浦耳电器厂的产品价廉物美,质量等同欧美产品,价格又仅及日本产品,外商纷纷采用其产品。1930年7月1日起,上海法租界开始采用中国亚浦耳电器厂灯泡;1930年9月18日,法商电车公司订用亚浦耳电器厂灯泡;1931年1月8日,上海英商电车公司与中国亚浦耳电器厂签订订购协议。之后,英商自来水公司、亚细亚公司、太古轮船公司等纷纷与中国亚浦耳电器厂签订订购合约。[①]

[①] 胡西园:《追忆商海往事前尘:中国电光源之父胡西园自述》,中国文史出版社2005年版,第111—113页。

九十二天迁徙路

　　八一三淞沪会战起,中国亚浦耳电器厂总厂、分厂尽陷敌手,电机厂也在炮火中化为灰烬,这于中国亚浦耳电器厂是一个惨重的打击!与此同时,上海仍有数百个员工,因种种困难,无法内移。为维持他们生活起见,胡西园竭尽所能,在小沙渡路重新建设一个新亚浦耳厂。"在这个时期内,我们的业务便向南洋、印度、澳洲等地找寻出路,经营结果,收获倒也可观,如吸收到一份外汇,则为明显的事实。但到太平洋战争爆发后,上海租界变色,这个新厂逃不了悲惨的命运,陷入无可补救的境地。"①

　　1937年10月6日下午四时,由于公路已成为敌机轰炸的目标,车辆只得夜行,胡西园及其家属,还有一部分职工从上海永安街亚浦耳厂宿舍乘汽车出发,同行还有亚光电木厂的张惠康。车抵松江大渡口,等候渡江的汽车衔接相连,大家都必存敌机夜袭的恐慌,希望能早到彼岸。胡西园他们等了很久,才得渡江。车到盛泽,防空警报骤然响起,一行人下车到离公路较远的地方稍避。警报通宵达旦,待解除后大家均已疲惫不堪。车抵镇江,过了一天,次日搭"江和"轮西上赴汉口,同船一行除张惠康之外还有周锦水、电影导演应云卫。

　　胡西园原打算在汉口落脚后,大概不至再往后退了,希望在汉口建一亚浦耳分厂。因此,在离开上海之前,他已将这些意图告诉亚浦耳电

---

① 宁波帮博物馆编:《抗战大后方宁波帮资料:以陪都重庆为中心》,宁波出版社2013年版,第83页。

器厂汉口发行所的负责人，要他们做好准备，待他等一到汉口，即开始行动。胡西园在武汉勘定了厂址，但因经济部在经济上及物资方面的支持问题迟迟未能解决，一时不敢贸然动工。而前方战事不利的消息频频传来，到汉口的上海人络绎不绝，继胡西园之后抵汉的有黄炎培、江问渔、杨卫玉、蔡声白、潘士浩、金润庠、陈小蝶、柯干臣、冼冠生、杨虎、彭学沛等人。

在全面抗战爆发之初，胡西园就已听说重庆将成为战时的陪都。从当时战事情况来观察，他认为大后方会移到重庆，工厂也只得随之迁川。1937年10月下旬，从未到过重庆的胡西园决定飞到重庆去探察当地情况。胡西园事先托重庆亚浦耳电器厂代理商号华记电器行，为其在重庆白象街新建一座房子，待他到重庆时该房子大部分工程已完成。当时重庆给胡西园留下了很好的印象，重庆非常安静，不看报纸的人不晓得上海已经炮火连天。土产价格格外便宜，1元就可以买一大蒲包的橘子；在重庆建造房子也很便宜，因为大多数房子都以竹做骨干，四川产竹特多，而又无法下运，当时100元可以买毛竹1万斤。随后，胡西园到重庆近郊进一步了解情况，却听到"沙利文"旅馆茶房一些消息，国民政府不久要迁都重庆。他想到在汉口的各工厂负责人还蒙在鼓里，他们一心以为蒋介石政府无论如何应该可以守住汉口，如果不久汉口沦陷，他们必会感到措手不及，他们从上海辛辛苦苦搬到汉口建厂，而汉口立刻就要变成和上海一样，放下去一大批资金，将来化为乌有，会弄得归家不成，流落他乡，于是，他断了在汉口建厂的念头。

胡西园取消在重庆逗留十余天的计划，在到重庆的第三日就急忙飞回汉口，在"沪社"召集一次紧急会议，告诉大家汉口是靠不住了，蒋介石不久就要逃到重庆，为了避免物资资敌，贯彻工厂生产协助抗日的初衷，赶快准备进一步内迁。于是，一批武汉工厂将已出箱的材料物品重新装箱，已装的机器再拆卸下来，再次内迁。

亚浦耳电器厂机器分两路，一路运湘西辰溪，一路运四川重庆，笨重的机件存在德商美最时洋行，全部迁厂人员于11月初动身入川，先搭小轮到宜昌。在宜昌候船的人满谷满坑，甚至有耽搁一月以上还没有买到船票的人，同时，在宜昌候船准备运入重庆的机件物资也堆积如山。胡西园得知这一情况后，焦急万分，一方面到处张罗船只，另一方面也派亚浦耳电器厂同人四处设法。幸运的是他碰到一个多年不见的熟人，该君正在航运界工作，且在同业中很有办法，他为胡西园及其家属和一部分职员弄到了法商聚福公司"福源"轮船的二等舱船票，并把小件的轻型原材料与行李一同装船上运。胡西园他们在宜昌不过住了一天就搭轮进入三峡而到四川的巫山，于11月14日踏上目的地——重庆。①

从八一三起屈指计算，到11月14日总共是九十二天，这是抗日战争的重要阶段。1940年，湘西辰溪分厂每日可出电灯泡5000只，同年，为促进川滇黔业务的发展，并扶助川康建设，胡西园将湘西分厂，迁移重庆。总厂迁川后，为了维持战前的声誉，该厂主持人胡西园集股300万元，在重庆沙坪坝建厂，更名为西亚电器制造厂，技术工人百余人，生产各种电光牌电灯泡，是后方电灯泡厂设备最完善、出品最丰富的一家，每月约3万只。②

---

① 胡西园：《追忆商海往事前尘：中国电光源之父胡西园自述》，中国文史出版社2005年版，第123—125页。
② 宁波帮博物馆编：《抗战大后方宁波帮资料：以陪都重庆为中心》，宁波出版社2013年版，第68、362页。

立足重庆，扎根西南

胡西园抵渝后建立的第一个工厂是西亚电器厂。当时西南尚无煤气公司，而制造电灯泡，水、电、煤气缺一不可。胡西园通过自制煤气发生炉解决了制造电灯泡所需的煤气问题，又千方百计地托各种关系解决了燃料、原材料问题，在亚浦耳厂内迁物资的基础上终于开工生产。西亚电器厂以生产电灯泡为主，每日最高产量可达10000[①]只，种类有真空泡、银光泡、氩气泡等，与当时大后方为数不多的几家电器厂相比，是开工最早、产量最大、质量最好、品种最丰富的一家。工厂一出货便成为市场上的抢手货，被大后方各大厂商争相订购。不仅如此，一度还曾为外国驻渝各领事馆、华侨大量使用，产品供不应求。西亚电器厂成为大后方电器工业中的一朵奇葩，为战时后方照明做出了不可磨灭的贡献。

战时，在四川内地建厂困难很多，尤其是原来在上海的工厂迁到内地去生产，的确是一件艰巨的工作。在当时的重庆，铁管、钢板等五金器材是建厂的宝贝，要争取到这些材料，得费九牛二虎之力。重庆没有公用煤气，势必要自制煤气发生炉，而钢板铁管是制造煤气发生炉的主要原材料。工矿调整处对与他们未达成默契的工厂，都以来源缺乏为借口，迟迟不肯发给材料。胡西园得知四川自贡有天然瓦斯，可以代替煤气，就打算去自贡建立亚浦耳电灯泡厂，利用瓦斯生产。

1938年春，胡西园从重庆搭乘公共汽车，经荣昌、隆昌，通过内江，

---

① 《西亚电器厂》，载《工商调查通讯》1943年第275号。

而达自贡。事前他委托重庆宝元通（重庆较有规模的百货批发行，各地均有分支机构）为其介绍了当地一个周姓"绅士"，由他陪同去参观各个盐井、火井。经三日调查研究，胡西园发现利用自贡的天然瓦斯，不但经济上不合算，而且其质地、浓度对制造电灯泡都有影响，遂于第四天去成都考察。但是，成都开灯泡厂的条件还不如重庆，无奈只能在重庆开厂。

国民政府重庆旧址

胡西园由成都回重庆后，就在南岸大渡口、小龙坎等处物色厂址，最后将厂址定在重庆沙坪坝，名谓"西亚电器厂"。建厂需装置大量设备，需用的五金器材也为数不少，为此胡西园费尽心机，但工矿调整处还是迟迟不发货。不得已，他请求裕华纱厂总经理苏汰余将该厂纱管厂卖给西亚电器厂。同时，胡西园又直接去找翁文灏，向他说明情况，并禀告翁文灏称如再不生产电灯泡，不久的将来，重庆及内地晚上将成"黑市"。翁文灏闻言后颇有所动，急忙打电话叫工矿调整处负责人张滋闿到经济部，要求一星期内将西亚电器厂所需的五金器材及其他原料如数发齐，不得迟延。经过翁文灏的协调，西亚电器厂领到了申请的所需原材料。

重庆冬季重雾，夏季酷热，空气又长年潮湿，这对制造电灯泡是极不利的，兼之当时运输困难，电力不正常，尤其煤供应紧张，更是极大的威胁。那里所产的煤有大河煤、小河煤之分。沿扬子江上游所产的煤叫大河煤，大河煤火力差、热度低，不适宜于烧电灯泡的玻璃；沿嘉陵江上游所产的煤叫小河煤，小河煤火力强、热度高，为需要高温操作的工业所必争。西亚电器厂就在嘉陵江上游设立几处堆煤栈，先由煤矿将煤自运到栈，再派专人运到西亚电器厂里应用。这样一桩平常工作，在那时那地却常常枝节横生，变成一件棘手事情。

苏汰余

建厂之初，西亚电器厂的产品销路很好。胡西园的亚浦耳厂刚迁到重庆时，重庆制造电灯泡的工厂只此一家（后来有两家民营、一家官营，但那时两家民营的还在筹备之中，一家官营尚未迁川），各地争先恐后纷纷到厂抢购现货、订购期货。民生公司卢作孚为了和西亚电器厂订立直接供应电灯泡的合约，亲自到白象街与胡西园交涉谈判。重庆林森路一家较大的百货店"少成美"愿付相当于50只枚普通电灯泡金额的订银，要求西亚电器厂每月供应该店足够数量的电灯泡。其他如华记电料行、裕生五金店都要争夺外销亚浦耳电灯泡的经理权。重庆宝元通百货批发商号，坚持要购买西亚电器厂大量股票，想以股东资格取得在各地的亚浦耳灯泡的经销权。在销路畅通的情况下，西亚电器厂开始逐步扩充产能，并去上海调聘技师技工入川工作，工厂的规模日益庞大。[①]

战时，西亚电器厂也面临着诸多的困难。

一是空袭危险。从1938年2月到1944年12月，在长达六年又十个月的时间里，侵华日军集中其陆海军的主要航空兵力，对重庆及其周边地区进

[①] 胡西园：《追忆商海往事前尘：中国电光源之父胡西园自述》，中国文史出版社2005年版，第139—143页。

行了惨绝人寰的无差别轰炸，史称"重庆大轰炸"。其轰炸时间之长、次数之多、手段之残忍、造成灾难之深重，不仅居于中国各大城市的首位，而且在世界反法西斯各国城市中也十分罕见。为了降低轰炸损失，防空委员会在多地施行了灯火管制令，电灯泡的销路因此大受影响。后来日寇飞机大肆轰炸，被炸毁的地方电灯灭绝，未被炸的大城镇如成都等处都受到灯火管制，各地对电灯泡的需求都缩小了，电灯泡的销路受到极大的打击。大厂最怕产量不多或产品多而销不出去。亚浦耳千里迢迢搬到重庆，陷入这种境地，使人大伤脑筋。在警报期间，工厂必须停工，大家躲入防空洞。生产电灯泡的玻璃制造工场，一息工，坩埚里的玻料过了一定时间就成为废品，要挖掉重新加料再烊烧；等到几小时或十几小时后玻料刚可制品时，敌机又来，警报又响，玻料只好再次成为废品；警报一解除再重新挖掉加料。如此周而复始往往有千次之多，不但浪费原材料而且大大影响电灯泡的产量。为了在轰炸时隐蔽目标，不许烟囱冒烟，而西亚电器厂玻璃炉子不能停火，一停火炉砖就会圮垮。因此，只得在警报期间改用无烟白煤，但大后方燃料紧张，白煤不一定能够采购到，这又是电灯泡工厂

日军轰炸后的重庆

的棘手之事。另外，由于各地用电负荷超过发电厂供电能力，电灯光度黯淡不明，用户争购轻磅及小支光灯泡，重磅及大支光电灯泡变成呆滞货物。制轻磅及小支光灯泡的原材料供不应求，且在工程安排上有很大的困难，又连带影响到产品的供与销，牵涉到工厂的经济问题。①

二是孔二小姐办灯泡厂，多次刁难。抗日战争时期，孔祥熙的二女儿孔令俊，号称孔二小姐，借助孔祥熙的势力也要办一个制造电灯泡的工厂，于是先拉走了亚浦耳厂一部分技工，继而发电报到纽约，把亚浦耳厂费尽九牛二虎之力弄到的一批订单（在美国订购一大批钨丝、钼丝等制造电灯泡的重要原料）中的第一批订货转移到他们的企业户名下（当时美国订灯泡原料无现货，从订单到拿到货要有相当的时间，而且要排队挨号的），并且得到优先空运权，提早运到重庆。另外，自此以后，亚浦耳厂在中央银行结不到法定价格的外汇，在美国得不到优先空运权，在四联总处也借不到大数额的信贷（大数额的信贷必须中央银行总裁批准），只有小额短期借款主管人还可以通融帮忙。这些都是战时胡西园在重庆开灯泡厂的主要障碍，不解决这些问题简直无法开工生产。胡西园求助曾任国民党政府驻美大使的王正廷帮忙。王正廷系孔祥熙的老教友（基督教），且是孔祥熙与宋蔼龄结婚撮合人，并在美国有一部分熟人。胡西园亲赴重庆歌乐山王的别墅去拜访王正廷，为了使王正廷对外名正言顺计，胡西园就商请王正廷担任亚浦耳厂董事长，得到王正廷的首肯。王正廷协助胡西园联系到陈光甫（上海商业储蓄银行总经理，与王莫逆之交），请他帮忙在美国先购办一批灯泡原料，火速飞运重庆。开始倒是天从人愿，果然又弄到了一大批钨丝、钼丝

孔令俊

---

① 胡西园：《追忆商海往事前尘：中国电光源之父胡西园自述》，中国文史出版社2006年版，第143页。

等。岂料好事多磨，波折又起，王正廷为亚浦耳厂之事拜见孔祥熙，带回同意亚浦耳厂开工的条件：第一，亚浦耳厂生产电灯泡不要使用亚浦耳商标（对方怕亚浦耳牌子老，他们难以竞争）；第二，亚浦耳厂电灯泡价格不要低于孔厂所出电灯泡的价格（也是为了他们易于廉价竞销）；第三，孔厂如出新产品，亚浦耳厂在抗战期间不要生产与他们同样的产品（就是限制亚浦耳厂产品品种的发展）。经过讨价还价之后，除第一条修改为亚浦耳厂使用亚浦耳商标的产品不超过50%，其余都做新牌子外，二、三两条照办。双方总算达成协议。亚浦耳厂顺利开工，而孔令俊的灯泡厂因经营不善，很快停产。

王正廷

　　三是官办灯泡厂，变相压制。重庆市社会局局长戴经尘"长袖善舞"，不知从哪里获得了钨丝、钼丝等一大批制造电灯泡的重要原料，以管理工厂的"长官"身份，也做起电灯泡厂老板来了。他在重庆弹子石开了一家小型的"建华"电灯泡厂，向亚浦耳厂拉工人，抢燃料，在工矿调整处与亚浦耳厂争夺五金器材，利用官官相护的有利条件，给亚浦耳厂带来了不少麻烦。不久，官办的制造电灯泡的南京电工器材厂也搬到重庆。它亦利用官场势力，向亚浦耳厂夺取空运优先权、原料分配额及燃料等，还以高工资挖人，并削价竞销。亚浦耳厂有一部分人员被拉到这个厂工作去了，因此两厂人常有往来。①

　　自1937年11月14日到达重庆后，胡西园经历了种种磨难和艰辛，在重庆办了八家不同性质的工厂。这些厂不仅增强了当地的工业生产实力，同时也推进了当地经济事业的发展，如根据当地实际情况，创办的新亚热水瓶厂、开元松香厂。使经济薄弱的后方，能够依靠自力更生，

---

① 胡西园：《追忆商海往事前尘：中国电光源之父胡西园自述》，中国文史出版社2006年版，第133—135页。

开发资源，发展生产，增强抗日力量，为取得抗日战争的最后胜利创造条件。

1. 创设新亚热水瓶厂

西南地区向无热水瓶生产，所有热水瓶都是从下江主要是上海运上来的，既耗运费且长途转运，需时久又损坏多。况且，一到长江浅水期，热水瓶和其他货物一样来源减少，贩卖商因而抬价居奇，普通的日用货物变成高级的奢侈品，价格之高使一般民众"望物兴叹"。改变这种状况最根本的办法，是在人众地大的西南地区开办热水瓶制造厂。抗战爆发后，大量人口入川，更加剧了原本存在的供需矛盾。胡西园看准了这个市场的巨大消费潜力和广阔前景，又想到制作热水瓶的材料与电灯泡厂可相互调剂，降低玻壳和热水瓶瓶胆的成本，于是决定打破常规，冒他人不敢冒的风险，大胆尝试，在重庆首创新亚热水瓶厂。但是，制造热水瓶确有许多困难，首先是熟练技工难于罗致，配制瓶胆的配料缺乏经验。那时全国制造热水瓶的工人不多，配制瓶胆配方各厂都保密，因此一般人无法开设新热水瓶厂。胡西园从上海聘到技术员陈氏兄弟两人，他们经昆明到重庆，又在沦陷区招请了一批技工，但没有制造瓶胆的玻璃配方，仍然无法生产。胡西园与制造电灯泡玻壳的技术员相商，大家到书本上去找热水瓶瓶胆的配方。穷数星期的时间，经数十次的改方，热水瓶最后总算合格可以应用，遂开始扩充生产。

1945年新亚热水瓶厂支票

宜昌沦陷后，长江航运中断，在西南地区，热水瓶早已断货，新亚热水瓶一经出货，就被抢购一空，订单雪片似飞来，要货的电话频频，各方面几乎难以应付。但因制造热水瓶外壳的金属材料供应困难及设备关系，瓶壳的生产速度跟不上瓶胆的生产速度，致仓库里积存的大小热水瓶胆数以万计。胡西园就设法以木料代替金属制造瓶壳，设计制造出形似亭子的木壳热水瓶，取名为"高亭式"。经使用后，觉得不够理想，于是胡西园建议利用四川盛产竹子的有利条件，加上当地又有许多能编竹器的能工巧匠，从竹子上动脑筋。后来，新亚热水瓶厂生产了一种"高亭式"的竹壳热水瓶，形如鸟笼，银色的瓶胆在各种颜色的竹梗衬映下熠熠闪光，煞是悦目动人，在市场上极受欢迎。后来，热水瓶壳又改用篾条编制而成，并分本色与彩色两种价格。这种热水瓶价格低廉，合于实际，极为一般消费者所乐用。新亚热水瓶厂开了不用金属材料制热水瓶外壳的先例。1941年12月7日珍珠港事变后，整个上海沦陷于日寇，日本帝国主义完全控制了五金材料，热水瓶外壳的金属供应愈发困难，大部分热水瓶不得不改用竹壳，随之竹壳热水瓶遍及全国。热水瓶的"竹壳"滥觞于重庆新亚热水瓶厂。

新亚热水瓶厂在制造热水瓶的过程中，并不是一帆风顺，在瓶胆玻料上亦有惨痛教训。当时，新亚热水瓶普遍发生定期性的爆炸，有的用了三四小时，有的用了十余小时，都会自动爆炸，因此引起种种纠纷。要求赔偿的顾客接踵而至，投函责难的信件纷至沓来，胡西园个人也接到不少诘问之信。虽再三不断改方，但愈改愈没有把握，胡西园遂决定将仓库里的数万只大小热水瓶胆如数捣毁，计损失银圆

赖其芳

3万元左右。此时的新亚热水瓶厂已到了一蹶不振的境地。这一重大挫折，对胡西园所辖的各企业也影响很大。如何解决瓶胆玻料配方这一关

键问题，一直困扰着胡西园，再摸索不但时间不允许，而且坏瓶胆在消费者手中，新亚厂已无瓶胆可以调换，若非迅速生产出好瓶胆就无法使这场纠纷平息下来。胡西园决定求助中央研究院的老友——硅酸盐专家赖其芳博士。赖其芳接受胡西园的请求，担任新亚热水瓶厂的顾问。他曾多次到工厂，改进了瓶胆配料成分，经过他不断改善，定期性的爆炸问题基本消灭，热水瓶的质量也显著提高。自此以后，新亚热水瓶厂具备生存的条件，全体工作人员都有了信心，银行也终于愿意贷款了。胡西园向中国、交通、农工等银行，借到了流动资金，新亚热水瓶厂稳步前进，逐渐弥补了以前的损失，由亏负转入盈余。在大西南属首创的新亚热水瓶厂，在重庆生了根。[①]

2. 成立开远松香厂

四川除满山的竹子外，松林也极其繁盛。在四川与贵州、湖南接壤的南川县及其附近，到处都是苍翠的松林，蔚为大观。从南川到重庆，一路行过，其间松针交织障天，绿影映地，使人心旷神怡。据估计，在南川一带，松树有数千万棵，每年生成的松脂数量可谓惊人。不过，当地农民并不了解松脂的利用价值，把这种天然富源仅作为燃料、照明或制作爆竹之用，货弃于地，颇为可惜。在抗日战争期间，后方工业原料异常缺乏，而松香、松节油来源断绝，使需要这些原材料的工厂受到极大威胁。

经过广泛调查后，胡西园决定在四川省南川县附近的南平镇建立开远松香厂，用科学方法提炼松脂成为松香、松节油。这种工艺较为简易，只要方法对头无多大困难，设备安装后做几次试验即正式出货。开远厂提炼出来的高级透明松香，与美国进口的WW级松香比较，有过之而无不及。松节油也很清净，不亚于舶来品，极为当时西南各地的制漆、制药、制皂等化工厂所欢迎。新亚热水瓶厂的瓶壳也采用开远松节油做

[①] 胡西园：《追忆商海往事前尘：中国电光源之父胡西园自述》，中国文史出版社2006年版，第144—146页。

喷漆之用，使用效果大家都很满意。为减少固定资产的呆滞，节约成本，胡西园就在南平镇租了整个财神庙，作为开远的工场。当地农民见到漫山遍野的松脂有厂收购，采松脂的积极性很高，开远从每日可收松脂数百斤，逐渐增加到数千斤及到万斤以上之多。小小一个南平镇从开远厂设立之后，邮汇活跃了，车运也频繁了，一小部分农民在经济上也宽裕一些了。后来，松脂来源越来越多，开远厂虽然不断扩大，整个财神庙已经到被"充分利用"的地步，而环境迫使非再扩充不可。

开远松香厂成功后，面临着较为严重的行业竞争和排挤。南川当地的地主对胡西园的开远松香厂，有的表面上表示赞助，但内心实不愿其立足；有的根本是持反对态度，不愿胡西园这些外乡人在南平镇设厂。其中最狡猾的地主采取阳奉阴违的态度另搞阴谋。他们首先把松林分区划归己有，使松脂收入归他们所有，继之计划向开远松香厂窃取技术工艺，自己开厂炼油制松香、松节油，以图利益中饱私囊，但限于技术知识，一时不易遂愿，只得暂时忍耐，静待时机。万事创始艰苦，效尤不难。开远松香厂在南平开设不到半年，官商合办的中国植物油料厂也在南川设立分厂，同时炼制松香、松节油，农本局也在南平开设焙酸厂，形成了收料售货的竞争状态。[①]

在胡西园的苦心经营下，开远厂立足于当地，并增设新厂，更新技术设备，提高产品质量，为四川各地兴办松脂炼油起了带头作用。抗战胜利后，整个四川地区兴起了松脂炼油浪潮。在松脂提炼上，

胡西园

[①] 胡西园：《追忆商海往事前尘：中国电光源之父胡西园自述》，中国文史出版社2006年版，第146—147页。

胡西园是一位先行者和拓荒者。除上述几厂外，胡西园还投资创办有机器厂、炼油厂、化工厂、制革厂、胶木厂，总计在后方设厂八家，涉及领域有电器、机器、炼油、化工、制革、胶木等。这些工厂在四川都是少有或没有的，它们开发了西南资源，还增强了当地的工业生产实力，推进了当地的工业化进程，以造福一方、惠泽后人来概括胡西园在重庆的实业生涯，当不为过。[1]

---

[1] 乔丽：《论宁波帮企业家胡西园在后方的经济政治活动》，载《重庆职业技术学院学报》2007年第16卷第3期。

为《工业会法》颁布的鼓与呼

近代中国工业界没有自己独立的法定团体组织，工业附属于商业，这就使得工业界难以集中力量推动工业化。20世纪30年代，胡西园就主张应该根据工商业的不同特点和立场，分别组织团体。到抗战之前，以胡西园为代表的工业界提议政府制定工业会法，实现工商平等。由于抗战的爆发，制定工业会法一事被搁置下来。1942年底时，后方工业界为应对企业发展中越来越突出的困难，开始强烈呼吁国民政府当局制定工业会法。胡西园被推举为工业会立法问题起草人，他在1943年元旦发表的《全国工业团体立法问题》一文中说：给予工业组织以独立于商会组织以外的独立法定地位，"颇为当务之急"。文中列举的工业团体立法理由主要有：工业从事生产，商业从事交易贩卖，二者精神不同；工业所需资金数额巨大，资金周转比较缓慢，而商业与此不同，二者性质不同；举办工业必须有相关专门知识，与一般商业不同；同类工厂在同一城市单位有限，而商铺可以很多。胡西园指出：当局应当修改商会法与工业同业公会法，以便组织与商会具有对等地位的工业团体——工业会，以推动工业发展，加强工业界的联系。在后方工业界的推动下，1943年国民党十一中全会议决通过了由中央监察委员吴敬恒（稚晖）等十三人提出的"政府应速制工业会法使各地工业同业公会不仅附属于商会，另组工业会，以发展工厂增加生产案"。为推动政府尽快颁布《工业会法》，胡西园、颜耀秋等后方工业界领导人积极筹议组织一个全国性的工业联合会，拟定会名为"中国全国工业联合会"。胡西园参与组织章程的起草。由于国民政府只允许成立学术性团体，遂定会名为中国全国工业协会，胡西园担任筹备主任。

1943年3月18日，假迁川工厂联合会的会场召开了中国全国工业协会成立大会，社会部部长谷正纲、经济部部长翁文灏出席致辞。大会票选刘鸿生、苏汰余、潘仰山、潘昌猷、胡光镳、吴蕴初、李烛尘、吴羹梅、余名钰、章剑慧、厉无咎、薛惠麟、胡厥文、马雄冠、周茂柏、李祖绅、张剑鸣、李允成、颜耀秋、王佐才和胡西园等为理事。3月25日，假座林森路国际联欢社召开第一次理事会，选出苏汰余、刘鸿生、潘仰山、潘昌猷、吴蕴初、吴羹梅、李烛尘、胡厥文、荣尔仁和胡西园等为常务理事，公推吴蕴初为理事长。[①]该协会是性质自由的组织：以后方各团体、厂家为主要会员；以促进本业业务的发展为主要任务。中国全国工业协会成立后迅速成为后方五个重要的工业团体之一，在统一领导后方各自独立的工业团体、解决后方企业界实际困难、推动政府颁布《工业会法》等方面，起了重要作用。中国全国工业协会成立后，胡西园在该会会议上不断提出请政府从速制定公布工业会法案，确定工业界的法定地位，以保障后方工业在抗战中及抗战结束后的地位和权益。

在胡西园等人的推动下，1945年5月24日，中国工业界五团体(中国全国工业协会、迁川工厂联合会、国货厂商联合会、战时生产促进会、中国西南实业协会)邀请主管当局、产业界领袖、各工业同业公会负责人，以及经济学者专家等举行座谈会征集各方面意见，拟商定中国工业会法应采取的原则。通过讨论，座谈会最后确定了具有民主自由精神的八项基本原则，涉及工业会的性质、机构、活动、业务、对外关系、会员权利义务等。这次座谈会所提及的原则均系中国未来工业组

[①] 胡西园：《追忆商海往事前尘：中国电光源之父胡西园自述》，中国文史出版社2006年版，第169页。

织应有的基本原则，不但符合中国立国精神与工业化的目标，而且亦顾及中外经济合作之要求，为政府立法当局提供了重要的参考。由于受战争环境的影响，加之国民政府立法委员对于工业会法有关事项意见不能一致，以致政府行动迟缓。直到1947年10月国民政府才颁布《工业会法》，1948年11月，中华民国全国工业总会才成立。这与抗战胜利后，以胡西园为首的工业家积极进言蒋介石颁布《工业会法》的推动是分不开的。[①]

[①] 乔丽：《论宁波帮企业家胡西园在后方的经济政治活动》，载《重庆职业技术学院学报》2007年第16卷第3期。

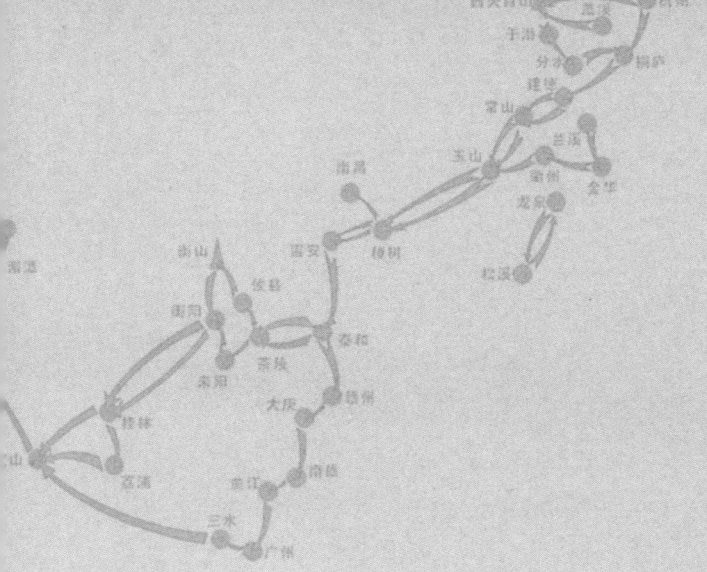

第六章

范崇实与后方蚕丝事业

  全面抗日战争时期，后方大批量的生丝外销给盟军，用于制造降落伞、弹药及手榴弹掣线等军需物品。因此，无论是被用以外汇创收，还是被用于制造军用产品，后方的蚕丝都成了战时极其重要的军用物资，为中国抗战及世界反法西斯战争的胜利做出了应有的贡献。川帮企业家范崇实，在官运亨通之时转向实业，倾注其全部心血于蚕丝事业的复兴，在沿海地区蚕丝业因战争受到重创之时，依托后方蚕丝托拉斯企业——四川丝业股份有限公司，汇聚西迁的蚕丝业力量，承担起复兴战时蚕丝业的重任。

从战时空军降落伞说起

战前，以江浙为代表的沿海蚕丝业代表了中国蚕丝业的最高水平，而四川地区是仅次于江浙地区的蚕桑生产重地。战时沿海各省的蚕丝业力量向后方流动，一时间后方云集了中国一流的蚕丝专家。全面抗日战争爆发后不久，以江浙为主的沿海地区蚕丝业遭到毁灭性打击，四川、云南、贵州等地承载了复兴中国蚕丝业的重任。尤其是四川地区，养蚕缫丝历史悠久，基础条件厚实，是最为理想的蚕丝事业复兴之根据地。1935年冬，卢作孚出任四川省建设厅厅长，积极着手复兴四川省蚕丝业，并于1936年筹建了四川蚕桑改良场。战时，四川省蚕丝业当仁不让地承担起了抗战建国的六大使命：

一、换取外汇稳定法币价值　自抗战发生后，外人鉴于我国土地沦陷，出口货少，虽财政部管理外汇，而我国法币价值，仍不免逐渐低落，川省大量生产蚕丝，增加输出货品，直接可以换取外汇，稳定法币价值，间接亦即换取枪炮，充实抗战力量。

二、增加生产富裕后方农村　川省为中华民族复兴根据地，惟以生产较少，民多贫困，农村经济，素称艰窘，而蚕业最为挽救农村经济之良剂，凡经推广之蚕区，无不早获实效，倘能大量生产，则农村富裕，盗匪自少，治安无虞，力量乃增，人力财力，均系支持抗战胜利之因素。

三、供给后方发展各省蚕业之资料　川省蚕业改良较早,所有原种桑苗及其他设备,均较完善,除发展本省外,对后方滇、黔、西康各省均先后供给原种普通种桑苗桑籽等资料,尽量扶植,以助其蚕丝业之发展。

四、准备复兴战区各省蚕业之资料 如苏、浙、皖、粤、鲁各省蚕业经敌人摧残破坏,抗战胜利后,如欲速迅恢复,则蚕种桑苗及技术人员等,均应由川省妥为准备,藉免有临时措设不及之虞。

五、保存国家蚕业命脉 抗战前各省原有蚕丝技术人员,优良原蚕种及各种珍贵设备等,概系中国蚕业之命脉,到达川省后,无不妥为安插与运用,以期保存其原气,俟抗战结束,遣返原地仍能发挥其原有力量,以贡献于国家。

六、供给军需用品 蚕丝用途,日渐增广,除衣料外,军需甚多,飞机各部及降落伞等,多系丝织物所制成,他如弹药及手榴弹掣线等,多用丝为原料,后方各厂所用者,概系川省所产之蚕丝。①

从四川蚕桑改良场场长尹良莹总结的这六大使命中不难发现,"蚕丝抗战"是战时后方蚕丝业复兴的核心任务,其中制造军用降落伞又是其最为直接的目的之一。

战时中国空军的伞兵

---

① 尹良莹:《四川蚕业改进史》,商务印书馆1947年版,第294—295页。

降落伞是随着航空事业发展而日渐为人们所重视的，并发展成为飞机航行的必备物品。"近年来航空事业日见发达，空军在战争上所占的地位，亦为人所重视，因此，人们对于安全的需求日见增加，而飞机师和乘客的携带降落伞以防万一，业已和航海者的携带救命圈一样平凡无奇了。"

据称，早在1650年暹罗（今泰国）已经发明了降落伞，不过并未投入实际运用当中去。1738年，英国的雷诺蒙德鉴于高楼起火救援困难而创制降落伞，此时其主要是用于火灾时救人。之后，因其急救价值日渐凸显，不断有研究者对其进行试验，在试验过程中也经历较多挫折，直到1912年，美国比雷上尉才正式试验成功用于飞机飞行时的降落伞。比雷设计的这款降落伞在第一次世界大战中投入了使用，救了无数飞行员的性命。第一次世界大战结束之后，各国航空事业迅猛发展，降落伞的重要价值更为各国所重视。各国投入大量人力、物力对其进行进一步的优化试验，其功能也得到进一步的完善。第二次世界大战前夕，世界各国的飞行工具愈来愈精，降落伞更是必不可少的装备，与此同时，各国还训练出专一的伞兵兵种。

降落伞系用绢布或木棉布剪成三角形块缝合而成，在线缝之端各系一索，互相会合，以便吊挂乘客。全伞可以折叠成背包式，或坐褥式，或排在腰间。张开方法通常有两种：一种为携伞者跳出飞机后，自行拉动一个安全环，伞即从包内跃出而张开，此式为有经验的航空人员所通用；第二种为伞包另在一个系于飞机上的帆布袋里，携伞者跳出飞机时，布袋经人体之重而解开，同时伞也自动张开。①

中国丝绸制降落伞

---

① 邬曦：《降落伞史话》，载《大众》1945年第27期。

163

战时，后方各个蚕丝产区对蚕丝制造降落伞一事均颇为重视。在后方的贵州，"中国科学人员，现在进行实验工作，此项工作若告成功，则中国能有多余之特种丝运至美国，作为制造头等降落伞之用。目下，中国所产之特种丝，仅足供给本国空军之用"。"特种丝产于贵州省之遵义附近，其特点为织维特别长，韧性也较强，吐此种丝之蚕，不食桑叶而食柞叶，因之名为柞蚕，此蚕自行觅食，不必人类多大照顾。""柞蚕本为野蚕，但目下已成为家蚕，蚕作绿色，茧作深褐，蛾作橘黄色，翅翼有小白点。柞蚕所作之茧，与平常之茧子所包含之丝量相等。""近年来，由于农民之疏忽，遵义之柞蚕数量逐渐减少，乃后政府对于此事产生兴趣，数目乃重见增加。经一再实验后，始知对普通茧所作之科学手工，施之柞蚕，亦同样有效。"[1]另据调查，"抗战以后，吾国丝业中心，及主要蚕区，相继沦没，丝业倍受摧残，贵州今已成为后方之重地……黔北二县（按此时正安尚未划分，道真亦未成立县治）盛行饲育山蚕（即野蚕），所产山丝……缫丝而织之，是为山绸，丝纯绸厚，较府绸尤佳，今日用制飞行伞，更为军用所急需"[2]。

在后方的四川，太平洋战事爆发后，尤其是在滇缅公路中断之后，国际市场似乎有发生根本变化之虞，资源委员会一时也不敢表态照常负责收买蚕丝出口，四川丝业股份有限公司不得已以生产内销丝为主而紧缩生产计划，当即停办蚕种制造场5家，停办缫丝厂3家，出售三分之一的桑园，职员实习生亦由1700余人减至700余人。不过，没过多久，盟国又以制造降落伞及其他军需品之需要，仍照常需要大量中国生丝，国民政府乃复又从事增产计划。四川外销增产委员会极力提倡，贸易委员会复兴公司予以早期拨付款项之便利，川康兴业公司予以黄茧贷款，四联总处提高丝价押款，凡此种种，不外乎促进外销丝生产。但是，由于四川丝业有限公司减产、裁员，1942年的收茧

---

[1]《可制造降落伞之贵州丝》，载《纺织染周刊》1941年第7卷。
[2] 郭太炎：《贵州省正安道真绥阳三县蚕桑事业及土地利用概况》，载《中农月刊》1943年第4卷第12期。

量及制丝量均不及1939年。财政部于1943年3月颁布了《全国生丝统购统销办法》,四川省政府根据这一办法,制订了1943年四川蚕丝增产计划大纲,力图增加外销丝的产量。[①]

[①] 罗承烈:《四川的蚕丝业》,载《四川经济季刊》1944年第3期第1卷。

"丝路历程"：江浙蚕丝业力量西迁

20世纪二三十年代，四川地区蚕丝业日趋衰落，四川省政府及四川蚕丝业界人士均力图复兴四川蚕丝业，并为此做出很大努力。1936年，卢作孚、张澜与奚致和合议在南充成立四川蚕桑改良场，聘请安徽留日高才生尹良莹为场长。场内技术人员绝大部分来自江浙一带。

四川蚕桑改良场一览表

姓名	性别	籍贯	职务
尹良莹	男	安徽阜阳	蚕桑改良场场长、四川省立南充高级蚕丝科职业学校校长、四川丝业股份有限公司南充蚕种制造场场长、四川省农业改进所蚕丝组主任及南充农业推广督导区主任、南充蚕业推广区主任等
熊继光	男	四川江津	蚕桑改良场技正兼制种股主任、四川丝业股份有限公司三台制种场场长及总技师、川北蚕业推广区三台办事处主任、四川省农业改进所技正兼蚕丝组组长、成都原蚕种制造场场长、北碚蚕种冷藏库主任等
张文明	男	四川江津	技正兼栽桑股主任、乐山蚕种场场长、川南蚕业推广区主任
李侠琴	男	四川新津	技正、盐亭蚕种制造场场长
陶 英	男	四川富顺	技正兼川东推广区主任、川东分场场长
孙泽澍	男	四川开江	川南推广区主任兼乐山制种场主管人、川南分场场长、原种股主任
张以宽	男	江苏涟水	技师兼总务股主任
李毓渠	男	江苏沭阳	技师兼桑苗圃主任
高振禧	男	江苏南京	技师兼推广股主任
周占梅	男	江苏宜兴	副技师兼栽桑股主任
马 进	男	湖北武昌	技师，南充蚕种制造场技术主任
陆守仁	男	江苏启东	副技师兼事务股主任
钱幼琢	男	江苏靖江	副技师

续表

姓名	性别	籍贯	职务
杨碧楼	男	安徽阜阳	技师兼普通种部主任技术员
管琛	男	安徽霍邱	技师兼研究股主任
姚㭎	男	上海市	技师兼蚕业监管股主任
胡鸿均	男	江苏无锡	副技师兼原种股主任
吴载德	男	浙江杭县	副技师兼川南研究室主任
陆星垣	男	江苏江阴	副技师
钱鼎	男	浙江嘉兴	副技师兼监管股主任
杜豁然	男	河北井陉	副技师、栽桑股主任
赵烈	男	江西瑞安	技正兼原种股主任
吴荣垣	男	福建晋江	技正兼南充柞蚕试验地主任
祝汝佐	男	江苏靖江	技正兼桑虫防治股主任
徐钧	男	江西上饶	技正兼桑栽股主任
周庆华	男	江苏泰兴	技师

资料来源：黎建军：《尹良莹与民国四川省蚕桑改良（1936—1949）》，四川师范大学未刊硕士论文，2013年，第32—33页。

从上表来看，蚕桑改良场共计26人，四川本省的仅5人，其他皆自外省，其中安徽、江苏、浙江、江西等地的技术人员共计19人，占总人数的73.1%。

尹良莹担任校长期间，聘请了大批江浙蚕丝界知名人士来校任教，其中不少人在中华人民共和国成立后担任了高级专业技术职务，如浙江农业大学教授陆星垣、吴载德，西南农业大学教授王道容、赵烈，农业部高级农艺师竺仕俊、祝汝佐，云南省蚕研所研究员杨碧楼，苏州丝绸工学院教授赵庆长，浙江省农业厅高级农艺师周占梅，等等。

在全面抗日战争期间，沿海各省的蚕丝力量向后方流动，一时间后方云集了中国一流的蚕丝专家。"就战前情形言之，江浙蚕丝生产量居第一位，其次是广东，再其次是四川。不过自抗战以还，所有苏、浙、皖、鲁、粤诸省蚕丝区域，均相继沦为战区，敌人一面到处砍伐桑树，彻底摧毁，一面组织伪华中蚕丝公司，藉图掠夺物资。所以目前的蚕丝业，只剩下一个四川了。"①王益震在《战时浙江制丝业问题》一文中指出："抗战以还，吾浙丝厂在浙西者，均经沦入敌手，在浙东者，有萧山之东乡与庆云二厂，亦以地临前线，先后遭敌机破坏，机械房屋，残缺不全，主其事者计于危险性大，更患油煤电力电光供给之困难，停闭迄今，无意于复兴。"②

自1938年起，四川省蚕丝业发展颇为迅速，其主要原因之一是"所有各战区蚕丝技术人才，殆什九多留居于川省工作，以致事业扩展，产量增加"③。1938年，四川丝业股份有限公司，与经济部蚕丝改良委员会合作，"江浙蚕种，运川甚多"。财政部贸易委员会陈光甫赴四川接洽，除四川省自制8万张外，另向江浙购买8万张，南京、杭州改良场运来7万张，江浙制种同业7万张，共计30万张，分配各蚕区农民。成茧后，由四川省建设厅定价，由四川丝业股份有限公司统一收购，以每张蚕种产茧16斤计算，约可收获鲜茧480万斤。以鲜茧1050斤缫折估计，约可缫丝4560余担，比1937年增加3倍以上。④赵永余在《战时四川省之丝业》一文中指出，四川蚕丝业利用战时江浙内迁力量，努力发展生产，承担其复兴中国蚕丝业责任。"江浙产丝之区，既因战争而生产停顿。四川正应藉此时期，努力生产，以图补救。""值兹抗战期间，江浙既有工厂迁入四川，技术人才因避难而来川者，亦复不少。宜利用此种机会，以求建设及改进。"⑤

战时迁入四川的浙江蚕丝技术人才颇多，主要有：孙本忠率领中央农业实验所蚕桑系学员到达四川南充；王士强厂长率领上海美亚绸厂员工、陈厚坤厂长率领上海新兴印染厂员工到四川乐山市组建降落伞厂；张复升教授和席德衡技师到达四川后，又于1943年到印度万伦降落伞厂任副厂长和总技师；等等。其中，最为典型的是费孝通的姐姐费达生。

---

① 罗承烈：《四川的蚕丝业》，载《四川经济季刊》1944年第3期。
② 王益震：《战时浙江制丝业问题》，载《浙江农业》1940年第20—21期。
③ 尹良莹：《四川蚕业改进史》，商务印书馆1947年版，第294页。
④ 赵永余：《战时四川省之丝业》，载《经济动员》1938年第2期。
⑤ 赵永余：《战时四川省之丝业》，载《经济动员》1938年第2期。

第六章 范崇实与后方蚕丝事业

费达生（1903—2005），江苏吴江人，自幼受到良好的家庭教育，1917年进入江苏省立女子蚕业学校学习。1920年夏，学校选派她去日本留学。1921年，考入东京高等蚕丝学校制丝科。1923年夏，费达生学成回到母校，由于当时校内尚无制丝科，受校长郑辟疆[①]委托在学校蚕业推广部工作，意欲培育出优质高产的日本蚕种，取代中国的土蚕种。1926年，学校的蚕业推广部改为蚕丝推广部，费达生任主任。她先在吴江县震泽镇进行土丝的改良，举办制丝传习所，研制了木制足踏丝车，至1928年改良丝车达92部。改良丝的售价可比土丝提高四分之一。1929年，费达生在开弦弓村组织蚕农入股，争取银行贷款，创建了生丝精制运销合作社，装备了土式干燥窑、日本缫丝机32台及复摇车16座。同年8月，合作社正式运行，1930年又增添五日式、绪式缫丝车8部，复摇车10余座，其他一切应用之机械，如烘茧之烘灶、煮茧之煮锅等，均系新式。合作社获得较大成功，受到社会广泛好评。[②]1930年，学校增设制丝科和制丝实习工厂，费达生任科主任和厂长。1937年，日本发动全面侵华战争，学校校舍以及校办制丝实验厂大部被毁，开弦弓村生丝精制合作社及震泽、平望、玉祁制丝所都焚烧殆尽。1938年，费达生与一部分技术人员辗转跋涉从浙江到安徽再到四川重庆。她决心利用四川优越地理条件，把散居各地的师生、校友集中起来，创造复校条件，并发展蚕丝生产支援抗日战争。她的愿望得到四川丝业股份有限公司范崇实的支持。她被聘任为

费达生

---

① 郑辟疆（1880—1969），江苏吴江人，1918年担任江苏省立女子蚕业学校校长，中华人民共和国成立后继续担任在该校基础上发展成立的苏南丝绸专科学校校长、苏州蚕桑专科学校校长、苏州丝绸工学院院长。参见朱跃：《郑辟疆与江苏省立女子蚕业学校》，载《苏州大学学报》2016年第2期。

② 侯哲荛：《开弦弓生丝精制运销合作社之调查》，载《国际贸易导报》1932年第4卷第1期。

四川丝业股份有限公司的制丝总技师，并获得一幢房屋，专为接待入川师生和校友之用。①1938年，费达生接受新生活运动妇女指导委员会的聘请，到川南地区主持该地区的蚕丝改良工作。1939年，郑辟疆率领逗留在江苏、上海等地的师生辗转到达四川与费达生会合，在四川乐山组织江苏省立女子蚕业学校和蚕丝专科学校复课。经妇女指导委员会和四川省政府洽商决定，以乐山、青神、眉山、峨眉、井研、犍为、夹江等七县为川南蚕丝实验区，费达生为实验区主任。在其推动下，川南蚕丝实验区成为战时四川的另一蚕丝基地。②

  战时云南蚕丝业的发展亦得益于江浙一带蚕丝力量流入。近代，西南五省川、黔、桂、滇及西康均产丝，但除四川省外，其他各省的蚕丝产量颇少，在我国产丝地位上所占分量极小。战时，西南地区"新的丝业建设是应着抗战建国的时代需要而产生……新计划的实施，是以川省和云南两省为中心，从金融上技术上着手，凡新的设备、新的种子、新的知识技能，都尽量设法推广，以期由小规模而扩充到大规模，由一地方而普遍到各地方"。例如，在战时云南省，银行界主办的丝业机构有两个，即蚕丝新村公司及云南蚕丝股份有限公司。蚕丝新村公司是中国银行和富滇新银行合资经营的，资本1000万，在开远县拟垦荒2万亩，专供植桑之用，1940年时垦植桑树2000亩，"将来并拟设置丝车五百台，分六年完成，预计自栽桑、制种、养蚕，以至缫丝，均采最新式之经营方式，应用新技术，饲育新品种，俾得最优良之丝茧。这计划相当伟大，可以说西南新丝业的生力军，也可以说是战时丝业的最伟大最理想的建设"。云南蚕丝股份有限公司，是一个缫丝的组织，是由富滇新银行投资经营的，最初资本50万元，厂址设于滇池旁之干沟尾，1939年3月

---

  ① 余广彤：《中国蚕丝教育家——费达生》，载《苏州大学学报》1988年第4期；[日]池田宪司、周德华：《费达生与中国蚕业改革》，载《国外丝绸》2002年第2期；怀念：《同心茧——访蚕桑界老前辈费达生》，载《江苏丝绸》2002年第5期；沈洁：《怀念蚕丝专家——费达生》，载2005年9月12日《人民日报》（海外版）第8版。
  ② 李奕仁主编：《神州丝路行：中国蚕桑丝绸历史文化研究札记》，上海科学技术出版社2013年版，第281—282页。

第六章　范崇实与后方蚕丝事业

开工,"备有最新回转式立缫机百台,成绩之优,已有事实可证"。①

根据内迁到云南的朱曼娟回忆,1938年7月30日,朱曼娟等一行18人,搭上庞大的轮船,离开上海,绕道香港、海防等地,千辛万苦到达后方重镇——云南。"因为云南的天候地理适合育蚕要件,更因江浙沦陷,蚕丝业为敌操纵,因此许多蚕业界的先生们,不辞跋涉,到这里来开发。"到1939年1月,先后有八位蚕丝专家到云南。据朱曼娟调查（1939年1月）,养蚕成绩经过为：成立楚雄、保山、蒙化、弥渡、两姚、祥云、宾川、漾濞、大理、玉溪等蚕桑区。推广蚕种县份为：春期保山、蒙化、楚雄、弥渡、漾濞、两姚;秋期保山、蒙化、楚雄、弥渡、漾濞、两姚、祥云、大理、宾川、玉溪。各县共设指导所春期10所,夏期10所,秋期43所;指导员春期18人,夏期17人,秋期34人;推广蚕种春期10,000张,夏期1238张,秋期8000张。为保全蚕作安全收茧量计,是故推行稚蚕共育。此三期育茧共耗推广费7.4万元。②同时,为了普及养蚕知识起见,各区招收学生予以训练,共计春期75人（地点在楚雄）,夏期140人（楚雄、保山）,秋期80人（楚雄、保山、弥渡）。收茧量统计为春期10万公斤,秋期3万公斤,夏期为0.3万公斤。经过此数期育蚕后,云南省的蚕农对改良种已经有了信任,对稚蚕共育的认知增强,对改良簇（蜈蚣簇）亦能普遍推行,对各项养蚕技术亦能注意改良。云南省的蚕业日渐进步。

另外,还有一些颇具代表性的蚕丝专家。比如,葛敬中（1892—1980）,字运城,蚕业教育家,企业家。杭州安定中学毕业后考入北京大学,1913年毕业,随即

葛敬中

---

① 蒋君章:《战时西南丝业问题》,载《训练月刊》1940年第1卷第6期。
② 朱曼娟:《云南蚕桑现地报告》,载《纺织染季刊》1940年第1卷第3期。

赴法国都鲁斯大学攻读园艺学、蚕学；1916年毕业回国，受聘于北京农业专门学校园艺系教授；1924年，任国立东南大学教授、系主任；1928年，受聘为第三中山大学（后为浙江大学）农学院创办蚕桑系教授、系主任。此后，他又创办无锡女子蚕桑讲习所（后迁镇江改为女子蚕桑学校）等多所中等蚕业技术学校，培养了一大批蚕业科技人才。全面抗日战争爆发后，葛敬中率领镇江各蚕种场的大批技术人员及女子蚕校的毕业生和在校学生，连同10多万张蚕种后撤四川。葛敬中竭尽全力为这些人安排工作，使四川的蚕丝业增添了新生力量，对推动四川蚕丝业在抗日战争时期的发展壮大起了一定作用。[1]

1938年，重庆国民政府特命葛敬中、何尚平、朱维毅、王恭芳等人组成代表团出席在法国巴黎召开的国际蚕丝会议。1939年，葛敬中考察云南，看到云南气候温和，土质肥沃，对发展蚕丝业十分有利。因此，他向云南全省经济委员会主任委员兼富滇银行行长缪云台[2]建议，计划在云南蒙自草坝建设一个中国式的集体农庄——蚕业新村。缪云台对葛敬中的建议非常赞同，随即聘其为云南蚕业新村公司经理。葛敬中邀集国立中央大学、浙江大学蚕桑系毕业的学生，镇江各蚕种场的技术人员，又从附近农村招来养蚕工人，经过其不懈努力，大家同心协力，在草坝开垦荒地8000亩，栽桑树，建蚕室，办丝厂，生产逐年发展，先后建成4个蚕业新村。另外，葛敬中并与云南建设厅蚕桑改进所副所长常会宗共同协助云南大学农学院增设蚕桑专修科（后改为蚕桑系），培养高级蚕桑技术人才。抗日战争胜利后，江浙两省改良蚕种供不应求，云南蚕业新村公司加强繁育蚕种的工作，除供云南本地推广所需外，绝大部分运往江浙地区，缓解了该地区蚕种不足的燃眉之急。[3]

全面抗日战争时期，后方蚕丝事业的复兴工作在很大程度上得益于

---

[1]《钩沉》，载《教育与职业》2015年第4期。

[2] 缪云台（1894—1988），云南昆明人，美国明尼苏达大学矿科学士，曾任云南个旧锡务公司总理、云南省政府委员兼农矿厅厅长等职。参见《东陆大学职员一览表》，云南省档案馆馆藏档案，云南大学全宗，档案号：1016-0001-0480-0003。

[3] 中国科学技术协会：《中国科学技术专家传略农学篇·养殖卷1》，中国科学技术出版社1993年版，第72—74页。

内迁的江浙地区力量的支持。这一支持是多方面、多层次的：大批江浙地区的蚕丝专家及技术人员进入后方，充实了后方蚕丝业技术力量；优良育种技术及改良蚕种的引入，推动了后方原种改良活动的顺利进行，大大增加了蚕茧产量；战前浙江地区蚕业统制成法亦在大后方地区进行实施。江浙地区蚕丝力量内迁，缩小了内陆地区与沿海地区之间的蚕桑技术差距，并利用后方地区原有的蚕丝业基础，促使后方地区养蚕缫丝技术更新换代，推动了后方地区蚕丝业发展。同时，其也保存了中国蚕丝业的元气，使蚕丝业未因战争而中断发展，从而为战后沿海地区蚕丝业的复兴保留了火种。

后方蚕丝业托拉斯公司

20世纪20—40年代,四川崛起了一批财团,主要代表有卢作孚(民生公司)、杨粲三(聚兴诚商业银行)、刘航琛(川康平民商业银行)、胡仲实与胡叔潜兄弟(华西公司)、范崇实(四川丝业股份有限公司)、古耕虞(重庆古耕记字号)、胡子昂(中国兴业公司)、邓汉祥(川康兴业股份有限公司)。其中,范崇实在官运亨通之时突然转向实业,自此之后,他倾注全部心血于蚕丝事业的复兴。在沿海江浙地区蚕丝业因战争受到重创之时,范崇实依托四川丝业股份有限公司,以四川地区为实践基地,承担起复兴战时蚕丝业的大任。

1."大乘无我相,上智为人谋","兴大众之利以为乐,求吾心所安不计功"

四川丝业股份有限公司总经理范崇实,四川合江县人,与刘航琛、何北衡同为北京大学同学,毕业后他们先后回到四川,参加刘湘幕府,促成四川自治,辅佐刘湘统一四川。南京国民政府成立后,范崇实充任刘湘的驻京代表,多方奔走斡旋有年,费了许多苦心,终于促使四川省隶属中央,奠定了以后抗战的基础。这也是范氏政治上的得益之作,也是他和何北衡、刘航琛对国家的一大贡献。1935—1936年间,范崇实先后担任重庆、成都两处警察局局长,"办事有计划,有魄力,对于警政的刷新,极负政声",积累起极其广泛的人脉、政绩,被一时传唱为"前周后范"(周孝怀,川中办警政和蚕丝的前辈)。[①]

范崇实是由军政界幡然改辙转到企业界的,但是他仍然保留着富强

---

① 林骥材:《范崇实与四川丝业公司》,载《新世界》1946年第10期。

康乐的政治理想。他为什么要转变呢？在其给许士廉的书信中透漏了他转向实业的心声，在他从政的经历中，尽管有"谈言微中，称快一时"的往事，但是"认清实际，造福于民众之时少，奔走于权势之时多，即在行政上所树规模，离职后旋即摧毁——于是决然舍去政治途径，于二十六年（1937年）创办四川丝业公司"。[①]

范崇实较早就有他自己的产业政策思想，即"造产政策"。这一思想与何北衡、卢作孚的理想殊途同归。何北衡在其为范崇实所著的《贸易管理与统购统销》[②]一书所作的序言中明确提出"吾人相信富强之道，首在提倡生产"。卢作孚办理航运事业的成功也给予其较大的思想冲击。范崇实选择了和水利（何北衡极力推进水利事业发展）、航运事业一样对国家经济发展有重大意义的行业——蚕丝业，作为其奋斗的目标。

20世纪30年代初，在世界经济危机、日本蚕丝业竞争及人造丝进口激增等因素的影响下，中国蚕丝业危机之声充斥国内舆论，以蚕丝业危机及救济蚕丝业为名的论著广见于报纸杂志。[③]这次危机的波及面较

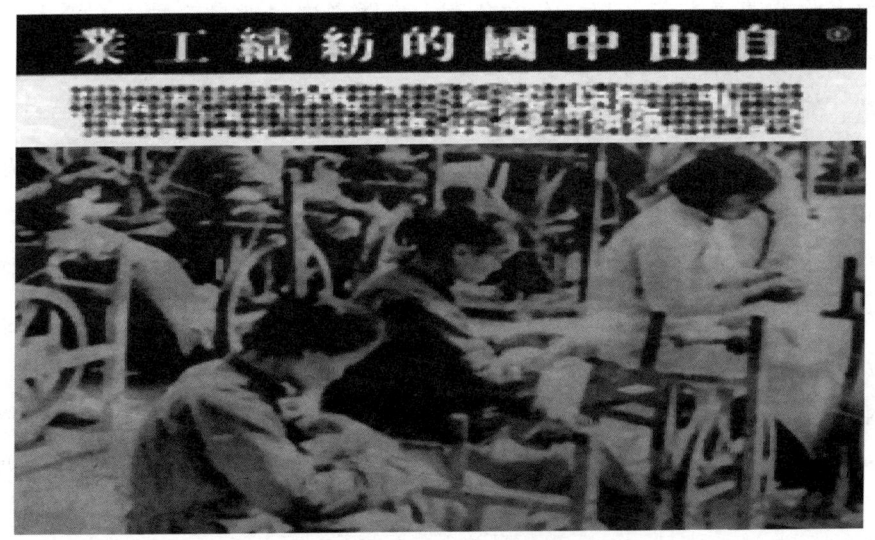

1941年《良友》报道中国的纺织工业

[①②] 林骥材：《范崇实与四川丝业公司》，载《新世界》1946年第10期。
[③] 较为著名的有吴兆名：《中国丝业的危机》，载《东方杂志》1931年第28卷第11期；《百业凋敝声中之丝业》，载《经济旬刊》1934年第2卷第2—3期；薛弘训：《中国丝业之衰落及其救济》，载《商学期刊》1929年第8期；仲廉：《丝业之危机》，载《银行周报》1932年第16卷第18期；苍生：《挽救丝业厄运谈》，载《钱业月报》1933年第13卷第11期；等等。

广,不仅江浙地区蚕丝业受到较大冲击,而且西南地区蚕丝业发展也呈现出步履维艰的局面。例如,曾在1921至1930年间处于极盛时期的四川丝业,自1931年后,"因为内受天灾与时局不靖之影响,外受日丝倾销与人造丝之压迫,始进入衰落时期";[①]四川北部本为四川省丝业中心,盛时生丝产量达四川省生丝总产量的一半以上,但自1931年以后,已经锐减了90%左右;川南区生丝产量在盛时曾达四川省生丝总量的25%,衰退期时虽有缅甸、印度市场的支撑,但亦减少了75%。[②]

在四川省丝业衰退时期,省内丝商曾经先后联合组织久和、大华、新华等生丝贸易公司,以期减低成本、突破困境,但均未获成功。1936年春,省政府认股改组成立四川生丝贸易股份有限公司。1937年5月,该公司与四川省营蚕种制造股份有限公司合并,更名为四川丝业股份有限公司。四川丝业股份有限公司主要经营制造改良蚕种、收买改良蚕种、缫制及运销改良蚕丝等事项。四川丝业股份有限公司成立后,四川省政府开始实行改良蚕丝统制政策[③],"赋予该公司以独家改良蚕种与独家收购改良蚕茧之权,公司负有无偿赠送农民改良茧种,与遵照官价收尽农民所产改良蚕茧的义务"[④],"举凡营育桑苗,制造蚕种,收茧、缫丝,运销诸端,莫不由该公司作有系统之经营"[⑤]。

四川丝业股份有限公司遵照四川省政府颁布的管理蚕丝业办法大纲设立,并按照公司法股份有限公司的规定命名。总部设于重庆陕西路92号,总公司内部设置股东大会作为最高权力机关,设有董事长、常务董事、监察人等职位,总经理负全责管理公司一切事务,并设襄理、协理及制种总技师、制丝总技师辅助其办理相关事宜,下辖技术室、统计室、总务科、业务科、会计科、稽核科、秘书室、技术室等科室。在重庆及川东川北等地分设分公司、办事处、制丝厂、制种场及购茧庄等分支机构,具体设

---

① 秦孝仪主编:《革命文献》第104辑《抗战建国史料——农林建设(三)》,文物供应社1986年版,第224页。
② 陈慈玉:《抗战时期的四川蚕桑业》,载《近代史研究所集刊》1987年第16期。
③ 《四川省政府管理蚕丝办法大纲》共14条,具体内容参见《蚕茧与蚕丝业近况》,载《四川经济月刊》1938年第10卷第1期。
④ 林骥材:《范崇实与四川丝业公司》,载《新世界》1946年第10期。
⑤ 《四川丝业公司之过去与将来》,载《联合经济研究室通讯》1946年第4期。

置情况为：川东区、南充区、三台区、阆中区、成都、上海等六个办事处；第一、二、三、四、五制丝厂；北碚、巴县、南充、西充、仁和、阆中、三台等七个蚕种制造场；北碚及南充两个冷藏库；川东区副产品厂；合川及澄江镇两个转运处；川东区、南充区、阆中区及三台区等四个茧庄。① "就设备而言，固然比战前各民营丝厂齐全，而且自桑园至丝厂一应俱全，这似乎是当局极力推展外销丝和军需丝之制造时所采取的一贯作业政策的结晶。此公司配合蚕丝试验场所扮演的角色，在1940年代初期以降和川南地区的乐山试验区平分四川丝业之天下。"②

四川丝业股份有限公司第一任董事长为宋子文，常务理事有宋子文、胡子昂、何北衡、席德柄、钱新之、康心如、邓汉祥、范崇实、顾季高、刘航琛等人；董事有徐广迟、陈介生、宁芷邨、李奎安、浦心雅、张表方（张澜）、杨晓波、任望南、尹志陶、戴自牧、潘昌猷、王君韧、傅沐波、杨赞卿等人；常驻监察人为吴晋航，监察人有许印若、席文光、温少鹤、何静源、张朔、石体元、喻元恢、税西恒、江昌绪、杨粲三、卢澜康等人。公司总经理为范崇实，协理为罗永烈、陈济光，襄理有温之章、盛润生、陈树庚、熊予昌、陈光玉、胡昭铭等人；制种总技师为陶英，制丝总技师为张复升，总务科主任为彭树鑫，副主任为唐述百，业务科主任为谢思洁，会计科主任为钱家骅，副主任为唐文昭。之后，丝业公司董监事也经过多次调整，例如，1942年8月10日，胡振逵向四联总处呈报四川丝业股份有限公司改选后董监事名单，计董事有何北衡、钱新之、顾季高、邓汉祥、张群、胡子昂、刘航琛、宋子文、范崇实、康心如、杨晓波、潘昌猷、徐广迟、戴自牧、浦心雅、李奎安、张表方、尹志陶、杨赞卿、傅沐波、王君报、任望南、陈公生、席德衡、宁芷邨等人；监察有许印君、温少鹤、张朔、吴晋航、喻元恢、卢澜康、石体元、王伯天、汤一峤、席文光、税西恒、夏道湘等人。③

四川丝业股份有限公司部分董监事出身情况，可从下表中窥见一斑：

---

① 《川康兴业特种股份有限公司投资事业概况调查表》（四川丝业公司），重庆市档案馆馆藏档案，川康兴业特种股份有限公司全宗，档案号：0356-0005-0015。
② 陈慈玉：《抗战时期的四川蚕桑业》，载《中央研究院近代史研究所集刊》1987年第16期。
③ 《呈报四川丝业公司董监事名单一份请察存》，第50—51页，重庆市档案馆藏档案，中中交农四行联合办事处，档案号：0285-0001-0391。

四川丝业股份有限公司部分董监事名册（1942年）

职别	姓名	备考
董事长	何北衡	四川省政府建设厅厅长
常务董事	刘航琛	川康、川盐银行董事长
常务董事	赵雨圃	中国银行渝行经理
常务董事	张叔毅	交通银行渝行经理
常务董事	徐寿屏	中国农民银行渝行经理
常务董事	胡子昂	川康兴业公司总经理
常务董事	康心如	美丰银行总经理
常务董事	邓汉祥	四川省政府秘书长
常务董事	吴晋航	和成银行总经理
常务董事	何静源	兴记贸易公司总经理
常务董事	范崇实	本公司总经理
董事	戴自牧	川康兴业公司董事
董事	徐广迟	中国银行沪行经理
董事	吴景伯	四川省政府财政厅厅长
董事	吴良佺	中国农民银行渝行副经理
董事	衷玉麟	川康银行经理
董事	王素功	交通银行渝行副经理
董事	温之章	本公司协理
董事	陈济光	本公司协理
董事	刘敷五	中国银行渝行副理
董事	彭树鑫	本公司襄理
董事	盛润生	本公司襄理
董事	张表方	国民政府参政员
董事	谢思洁	本公司业务主任
董事	何兆青	四川省银行总经理
常驻监察人	温少鹤	重庆市生丝输出业公会理事长

续表

职别	姓名	备考
监察人	喻元恢	华懋公司总经理
	卢澜康	大夏银行协理
	龚农瞻	美丰银行协理
	胡铭绅	和成银行沪行经理
	罗永烈	四川省银行副总经理
	杜仲明	自营商业
	王大睿	中国农民银行渝行襄理
	吴忠忱	中国农民银行渝行副经理
	张能一	交通银行渝行副经理
	彭革陈	川康兴业公司总稽核
	余成源	四川省政府会计长

资料来源：《四川丝业股份有限公司董监名册》，第9—10页，重庆市档案馆馆藏档案，川康兴业特种股份有限公司全宗，档案号：0356-0005-0015。

上表所列董监事共37位，其中银行界人士有19人，包括国家银行（中国、交通、农民三家）、地方政府银行（四川省银行）及商业银行（川康、川盐、美丰、和成、大夏）等战时川省主要银行；四川省政府人士4人（建设厅厅长、财政厅厅长、省政府秘书长及省政府会计长）；国民政府参政员1人，商业公司代表7人（川康兴业公司、兴记贸易公司、华懋公司），四川丝业股份有限公司经理6人（总经理、协理、襄理、业务主任）。

该公司董事长何北衡，四川罗江县人，1917年考入北京大学法律系，毕业后入刘湘幕府，先后任江巴卫戍司令部顾问、巴县知事、民生公司副董事长、川江航务管理处处长、重庆市警察局局长等职。1937年，何出任四川省建设厅厅长，并以建设厅厅长身份担任四川丝业股份有限公司董事长一职。在其任职期间，他积极倡导成立四川省矿业督导处、四川省电话管理处及无线电总台、合作事业管理处、四川省农业改进所等经济管理（指导）机构，并组建四川畜产公司、四川桐油公司、四川药材公司等企业，谋川省经济之快速发展。①

因此，从公司董监事及经理人员的出身情况不难看出，四川丝业股份有限公司有较为深厚的政治背景。

2. "业精于勤谋慎于始，人凤其利我任其劳"

范崇实是"从官场中跑来办实业的，他没有官僚习气，却有着企业家的气魄和雄心。他的志愿是发展四川外销的土产、丝茶与桐油。"②1937年全面抗日战争爆发，川省蚕丝业的危机持续加重，因受沿海出口通道阻断影响，丝价下跌，面临一定的销售危机。例如，1938年1月27日，三台丝纱同业公会主席封郁其（系集义珍经理，该号共有股本6000元）致函美丰商业银行潼川办事处刘葆三，函称"自全面抗战以来，水陆交通均已封锁，潼丝出路无形顿滞"③。同年，四川丝业股份有限公司在重庆积存丝货达528担，其中一部分押存于四行贴放委员会；土丝存渝者约700担，此项陈丝"一时不易求得销路，积压既久，亏折甚巨"。④

在四川丝业股份有限公司及有关各方的努力下，川丝转走西南陆路输出，然而困难重重。1937年四川丝业股份有限公司产丝1400担，运销上海者仅百余担，为打开销路，四川丝业股份有限公司经理亲赴越南、缅甸考察销路，之后，将一部分生丝改制粗丝销往越南、缅甸，将一部分售与云南帮。此时川丝"皆由陆路经云南运销安南（越南），以汽车装运。然因此项公路修理欠佳，如遇天雨，泥泞不堪，车行极感困难。由重庆运往昆明约需七日；再由火车转运河内。"由重庆至河内每担生丝运费为：重庆至昆明汽车费45.00元，昆明至河内火车费9.00元，保

---

① 四川省德阳县志编纂委员会：《德阳县志》，四川人民出版社1994年版，第929—930页；袁嘉新：《何北衡》，见严如平、宗志文主编：《民国人物传》第9卷，中华书局1997年版，第323页。
② 倩华：《四川丝业巨子——范崇实》，载《经济导报》1947年18期。
③《关于美丰银行三台办事处与总行洽商代卖潼丝的函》，第232—244页，重庆市档案馆馆藏档案，美丰商业银行全宗，档案号：0296-0014-0369。
④ 赵永余：《战时四川省之丝业》，载《经济动员》1938年第2期。

险费（每千元十八元）11.70元，昆明特税4.00元，内河消费税（税率3%）19.50元，杂缴（杂费）2.00元，合计91.2元，约占1938年每担生丝价格650元的14.03%。①

四川丝业股份有限公司携其政治资源优势，垄断战时川省改良蚕丝业，然而其自身资本极其微弱不说，且原有之股本均投入制种场、茧庄、缫丝厂等机构的场（厂）址、设备等项目上，成为公司的固定资本，是故其制种、收茧、缫丝等业务所需之流动资金均需向外通融。丝业公司融资渠道有两端：一是向四联总处申请抵押贷款，这部分融资的比重较大，占绝对多数；二是向市面融资，包括商业银行和其他资本所有者，比例较少，分信用及抵押两种。受此资本现状所限，四川丝业股份有限公司年年需借款、季季需借款，且由于蚕丝业存有茧汛之特殊时期，蚕丝业用款的季节性较强，以致四川丝业股份有限公司每次用款均急迫，往往在合约未签订前需要提前预支部分款项，以解燃眉之急。首先，这从一个侧面说明后方蚕丝行业资本构成极为不合理，即自有资本（或固定资本）与流动资本之间的比例过低，限制了行业再生产及新技术等方面的资金投入，进而影响到整个蚕丝业的发展；其次，四川丝业股份有限公司的资本链与复兴商业公司、富华公司、中茶公司等官办公司形成了较大反差，后者有较为富裕的资金来源。例如，复兴商业公司1938年成立时，即由财政部一次拨足营运资本1000万元；1940年6月对外贸易行政与业务划分后，贸委会由移交物资内划拨周转基金3000万元；同年8月，由财政部担保，向四联总处抵押借款2000万元；之后陆续向财政部申请易货专款，到1941年底，公司获拨易货款2.84亿元。②二者同为官办企业，一并服务于国家的经济统制目的，但是，二者资本运作有较大差异，四川丝业股份有限公司倚赖于银行业的资金融通，复兴公司则倚重于政府增资扩股。对这一差异，我们应加以关注。

---

① 赵永余：《战时四川省之丝业》，载《经济动员》1938年第2期。
② 郑会欣：《统制经济与国营贸易：太平洋战争爆发后复兴商业公司的经营活动》，载《近代史研究》2006年第2期。

1945年，抗战胜利之时，四川丝业股份有限公司顶着巨大亏累之风险，担负救济蚕农经济的重任。"秋季鲜茧上市之际，时值胜利突然降临，物价狂跌，同时，又值川北刚经过水灾，农村经济动摇，棉花、桐油价格下跌四分之三，尚无人买，南充丝商、绸厂纷纷倒闭，不可终日，川省内销丝价自每担240—250万元跌至40—50万元，上海丝价跌至每担20余万元"；四川丝业股份有限公司丝厂缴费每担已需40余万元，因此，"公司收茧缫丝事业冒着巨大亏折之危险，停做一季，则农村比蒙受普遍惨重之损失，尤以茧价标准问题甚大，既不能照春季每公斤1100余元之高价，以过分亏累，又不可援照川南实验区每公斤230元之低价，以专取便宜，爰以当时粮价，比春季仅及一半为标准，公司所定茧价照春季茧价之一半，每公斤均价为600元，使蚕农半价售茧，半价购买粮食，与春季育蚕结果无差别"。四川丝业股份有限公司的这些作为，立即见到效果，"在顺保潼三府同时宣布茧价，庚（賡）即开庄收茧，丝绸顿时稳定，因而倒号之狂澜遂停"。不过，四川丝业股份有限公司营业收入受到一定的冲击，"年终决算红酬低微，未能副我股东及诸同事之愿望"，1945年，纯益21,725,845.57元。[①]

　　1937至1946年九年间，范崇实为发展四川省农村经济、保证战时蚕丝出口、复兴后方蚕丝业做出了巨大贡献。他在给周孝怀的书信中指出他所依托的四川丝业股份有限公司"关系过杂，麻烦太多，事业愈大，魔障益高，是其所苦"。1943年，范崇实在《三十二年出巡川北桑区口占》一文中坦露心声，"创业于已七年，年年含泪到乡间，费尽多少农工力，不够银行算利钱"。1946年2月，范崇实在四川丝业股份有限公司九周年纪念活动上再次提到创业艰辛，"造福人间事业难，又求保用又求官。沿门托钵商贷款，计户栽桑劝养蚕。九载辛酸悲统制，一朝解放隔市廛。民营丝业摧残后，美国尼隆送我穿"。[②]

---

　　① 《四川丝业股份有限公司1945年度业务报告》，第72—73页，重庆市档案馆馆藏档案，川康兴业特种股份有限公司全宗，档案号：0356-1-0089。
　　② 林骥材：《范崇实与四川丝业公司》，载《新世界》1946年第10期。

从四川丝业股份有限公司历年融资情况来看，其制种、收茧、缫丝、运销等业务所需流动资金均要向外通融，主要渠道是向近代金融业抵押借款，且年年借款、季季借款。战时川省蚕丝业经营活动的维持多有赖于国家行库的金融支持。借贷成为常态，固定资本所占比重愈来愈小，流动资本所占比重愈来愈大，这就说明手工行业经济本身的资金力量仍较脆弱。因为，借贷融资不同于公司发行股票融资，借贷是需要负担利息的（甚至是高额的利息），发行企业股票只分红利而不负担利息，同时，流动资本越大，说明借贷额度越大，那么其所负担的利息也就随之愈重。很显然，若大部分的收益用于偿还利息，手工行业就没有多少剩余资金从事行业再生产及新技术的投入。最终，行业资本构成的不合理性必然成为其发展的瓶颈因素。因而，战时后方蚕丝业的发展状况并不乐观。总之，该公司在危机中整合而起，依托中央及地方政府的扶植，挟其政治资源优势，从制种、收茧、缫丝、售丝等整个蚕丝生产环节上，几乎垄断了战时川省蚕丝改良事业，成为后方丝业中的托拉斯企业公司。

"一生辛苦皆为茧，满腹经纶尽是丝"

1938年9月1日，为了发展后方农业，四川省政府成立了四川省农业改进所，统管四川全省农业改进和农技推广，并安置内迁农业技术人员。四川农业改进所内设蚕丝组、蚕丝改良场、蚕业推广委员会三个机构来改进蚕丝业。尹良莹为蚕丝组主任及改良场场长。蚕丝组在成都创建蚕种制造场和蚕种质检室，蚕丝改良场在北碚设川东分场，在乐山设川南分场，后成立川南研究室，在重庆南岸设柞蚕试验地[①]。战时，中央农业实验所蚕桑系内迁至蚕丝改良场内。四川蚕丝改良场成为全面抗战时期全国性的蚕业机构。建场时场内技术人员仅有17人，到1940年时已扩充至53人。范崇实任蚕业推广委员会主任委员。1939年1月，蚕业推广委员会，接收蚕桑改良场内的推广股人员业务，在南充、西充、阆中、三台、盐亭、川东设6个蚕业推广区，区下设97个蚕桑指导所，其中川北67所、川东17所、川南13所[②]。场内的普通股（负责种桑蚕缫丝业务）划出，在四川的南充、西充、三台、盐亭、合川、遂宁、北碚、乐山等地筹建桑苗圃10所、蚕种制造场10家、组建新式缫丝厂8家、内迁降落伞绸厂1家。负责蚕桑生产发展所需人才培养的，主要有四川省立南充高级蚕丝科职业学校、内迁的江苏省立蚕丝专科学校、内迁的中国合众蚕桑改良会女子蚕业学校、四川大学农学院蚕桑系、新成立的中央技艺专科学校蚕丝科。1938至1945年间，各个学校共计培养蚕丝技术人才1000余人，

---

① 尹良莹：《四川蚕业改进史》，商务印书馆1947年版，第55页。
② 尹良莹：《四川蚕业改进史》，商务印书馆1947年版，第63—66页。

各区蚕业指导所培训蚕农达8万余人。①

"一文一武",尹良莹与范崇实一起担负起后方蚕丝复兴重任。尹良莹负责后方蚕丝改良的技术部分,范崇实致力于蚕丝产销环节,珠联璧合。

1935年冬,卢作孚出任四川省建设厅厅长,随即实施统筹改进四川省蚕桑产业计划,并与张澜、奚致和商定在南充筹设蚕丝改良场。经中国蚕丝改良委员会葛敬中、曾养甫等人推荐,卢作孚电邀尹良莹担任蚕丝改良场场长一职。

尹良莹,字子瑜,1904年2月12日出生在安徽省阜阳县。自家以养蚕为副业,自幼的耳濡目染,使他对养蚕发生了浓厚的兴趣,遂立志攻读蚕学。1921年秋考入安徽省立第五甲种农业学校蚕科。1925年考入国立中央大学农学院蚕桑系。1932年大学毕业后留校任助教。不久奉调上海创办蚕种检验处,负责检验进口蚕种及中央级蚕种场的监管工作。1931年秋,出任江苏淮阴农校任蚕科主任一职。1933年秋以安徽省官费生赴日留学,入东京帝国大学深造,师从日本蚕桑育种专家宗正雄狮,专攻家蚕脓病的研究。

尹良莹

1936年春,蚕桑改良场在四川南充成立,尹良莹应邀出任场长,负责四川全省蚕丝事业改进工作。当时,川北蚕区虽广大,蚕农却极其稀少。此地关系四川全省蚕业兴衰。3月,借南充农工职业学校农蚕部及中坝桑园,开始栽桑育苗、养蚕制种等工作,并附设讲习班,招收学生,训练技术,创办蚕种制造场,设立蚕桑指导所,制造蚕种,指导蚕农。7月,接办全国经济委员会蚕丝改良委员会四川蚕桑指导所。8月,改蚕桑讲习班为蚕桑技术人员专修班,添招第二班学生。9月,设立川南及川东蚕桑推广区,筹办推广、指导栽桑制种等工作。秋蚕期后,扩

---

① 尹良莹:《四川蚕业改进史》,商务印书馆1947年版,第299页。

充南充场址及桑园，添修蚕室，建筑原蚕室、冷藏库等，并购置设备。1937年2月，在北碚、乐山分别设立川东分场暨川南分场，主办制种推广工作。3月，设立西充制种场，并筹办蚕丝学校。5月，接收光华、农兴、万兴等制种场，分别改为盐亭、万安等制种场。7月，奉命接办南充县立农工职业学校，乃与南充县政府合办，分设高级蚕桑、制丝、染织等科；改良场制种股独立，成立南充制种场，筹办仁和、三台等制种场，撤销川东、川南分场名义，改为北碚、乐山制种场；推广部分独立为川东、川南推广区。9月，蚕桑改良场更名为四川蚕丝改良场，扩充川东、川南、川北等蚕业推广区；秋蚕后，分别接办惠利农场改为巴县制种场，全国经济委员会蚕丝改良委员会阆中分场改为阆中制种场。12月，将各个制种场划归四川丝业股份有限公司经营，成立制种部。"政府既投有大量资本，而又将省营之十个制种场移交丝业公司办理，并拨款二十五万元"[1]，四川蚕丝改良场仅负督导、监管之责，共计有南充、西充、仁和、盐亭、三台、万安、阆中、北碚、巴县、乐山等制种场。

1938年2月，四川蚕丝改良场的业务再次进行划分，川北推广区分割为南充、西充、盐亭、三台、阆中等推广区。4月，奉命代理蚕业监管机关。5月，购置土地，与中央农业实验所合作，大量培育桑苗。7月，四川蚕丝改良场的蚕丝推广股被划出，成立四川省蚕业推广委员会，范崇实任主任委员。9月，四川蚕丝改良场奉命改为四川省农业改进所蚕丝试验场，建筑烘茧灶，续购桑苗圃。

1939年2月23日，蒋介石在重庆上青寺官邸接见了尹良莹，指出在与美国商讨废除不平等条约之际，理应增产蚕丝、改良蚕种、增殖桑苗、培育技术人才，发展后方蚕丝业，以争取外汇。1939年3月，四川省农业改进所蚕丝试验场在重庆南岸创办川东柞蚕试验地，试验推广四川省柞蚕。7月，奉命合办职业学校，改组成立四川省立南充高级蚕丝科职业学校，建筑实习丝厂，充实教学设备。[2]

---

[1] 赵永余：《战时四川省之丝业》，载《经济动员》1938年第2期。
[2] 尹良莹：《四川蚕业改进史》，商务印书馆1947年版，第54—55页。

第六章 范崇实与后方蚕丝事业

　　1940年1月7日，尹良莹将一年来的蚕丝改良业务情况呈报蒋介石，并提出设想计划，"在改良蚕种方面，由农林部拨发经费十万元，在成都创办原蚕种制造场，购置土地，栽培桑园，使南充与成都两处所育之原种，足可供应四川及后方之各省需用。在增殖桑苗方面，由财政部贸易委员会拨发经费一百万元，扩充南充桑苗圃，并创办合川、遂宁、阆中、绵阳、达县、万县、井研、宜宾、三台、乐山等处桑苗圃，大量培育桑苗，以供后方各省增产蚕丝之需用。在培育技术人员方面，由农林部拨发经费五十万元，分别补助四川大学、南充高蚕、中央技专、江苏蚕专等学校，扩充教学设备，添招蚕科学生，以供推广各省蚕丝之需用"。这些建议基本得到了蒋介石的批复，并得到了160余万元的经费。这极大地推动了四川蚕业发展，并成为尹良莹一生引以自豪的事情。[①]

　　1940年2月，蚕业监管工作移交成都农改所办理。3月，在南充设立柞蚕试验地，为在四川普及柞蚕做准备；于乐山设立川南研究室。4月，在重庆南门坝建筑桑虫试验室。1941年1月，蚕丝改良场与四川大学蚕桑系合作，开展川西一带蚕桑研究。2月，在南充双桂场、西充兴隆场分别倡导办理合作蚕种制造场，并在南充各乡试办蚕桑苗圃。1942年，四川省政府与贸易委员会签订合约，将贸易委员会部分房舍、设备借于生丝研究所使用，蚕丝改良场经费亦由贸易委员会负担；9月，四川省外销物资增产委员会成立，蚕丝试验场改为四川省外销物资增产委员会蚕丝改良场。1944年，四川省外销物资增产委员会结束，四川省外销物资增产委员会蚕丝改良场奉命改为四川省蚕丝改良场，直接隶属于四川省建设厅。[②]

　　战时，尹良莹主导的四川蚕丝改良场与范崇实经营的四川丝业股份有限公司通力合作，共同推动了四川蚕丝业的发展。

　　第一，培育原种。1934年前，川蚕品种均以自留或购买之土种饲养，改良种仅供学校机关之实验。自1936年春起，四川省建设厅在南充设立蚕桑改良场，从事制造改良种，并禁止私人经营，"需用蚕种一

[①] 尹良莹：《蚕丝文集》，中正书局1989年版，第471—472页。
[②] 尹良莹：《四川蚕业改进史》，商务印书馆1947年版，第55—56页。

项，亦全部仰赖江浙输入，如此由气候地域是否适宜，姑置不论，即就运输而言，亦诸感不便"[1]。不久该场归并于四川丝业股份有限公司，公司并将制种场扩展为南充、西充、盐亭、三台等十地。自1937年春开始，改良场着手建筑原蚕室及附属室等，饲养原蚕，但是仍不能满足各种场所用，在1938年时仍需江浙蚕种大量接济四川省。1940年，四川省政府开放制造蚕种事业，准许私人经营种场，改良蚕种数量遂逐年增加，原种需求与日俱增，是年，四川省政府又增设成都原种制造场一处，不过于1942年停业。1943年，北碚蚕种场增设原种部，开始培育原蚕种。到1944年春，北碚场制造原种3500张，不仅满足了公司各场全部自给（公司以秋季作业减少，自用仅1000多张），还接济其他私人种场。同年8月初，四川丝业股份有限公司奉省政府电令，北碚场所制造之原种，供给涪滨、嘉陵、文峰、福民等各场之用。另外，四川丝业股份有限公司培育原种品质优良，而南充改良场1944年所制原种毒率超标，因此，私人种场纷纷请求政府购买四川丝业股份有限公司原种。[2]

蚕丝改良场十年来原种培育数量表

年次	春制原种（张）	秋制原种（张）	合计（张）
1937年	2009	684	2693
1938年	7177	4121	11,298
1939年	12,000	10,239	22,239
1940年	21,970	3600	25,570
1941年	10,156	6760	16,916
1942年	2650	6310	8960
1943年	6091	7971	14,062
1944年	6745	740	7485
1945年	3583	1308	4891

资料来源：杨碧楼：《十年来之四川蚕丝业》，载《四川经济季刊》1947年第4卷第1期。

---

[1] 杨碧楼：《十年来之四川蚕丝业》，载《四川经济季刊》1947年第4卷第1期。
[2] 《四川丝业股份有限公司第十三次常务董事会议记录》，第64页，重庆市档案馆馆藏档案，川康兴业特种股份有限公司全宗，档案号：0356-1-0090。

从上表来看，四川蚕丝改良场战时原种制造分春制种及秋制种两项，其中在1940年达到制造高峰，是年制造原种量为25,570张，之后，原种制造量呈下降趋势，到1945年时仅为4891张。出现这种情况，原因有三：其一，1941年太平洋战争爆发及滇缅公路中断，国际丝市"似乎有发根本变化之虞，那时资委会对于以后外销丝不敢表示照常负责接受"，四川丝业股份有限公司"只得以内销容量为标准，而紧缩其生产计划。当即停办蚕种制造场五所，停办缫丝厂三所，出售桑园三分之一，职员实习生由一千七百余人减为七百人"[①]，受其影响，四川丝业一蹶不振，之后，虽经政府努力提倡，然衰退之势不可止。其二，1943年财政部贸易委员会统购统销办法公布实施，生丝由所属复兴公司统制购销，生产缫丝部分由四川丝业股份有限公司及乐山蚕丝实验区分别办理，商人不得自由买卖。"蚕农丝商以收购官价低于生产成本，而且捐税繁重，无利可图，纷纷砍桑歇业，丝业遂致不可收拾。"[②]其三，北碚蚕种场制造原种数量逐年增加，1943年制造原种6697张（春制2762张、秋制3935张），1944年10,639张（春制5213张、秋制5426张），1945年11,965张（春制7076张、秋制4889张）。[③]

四川丝业股份有限公司所属之蚕丝改良场及北碚制种场的原蚕种培育，首先改变了战前无原种制造的局面。一方面，减免了长距离输入原种的负担，满足了川省蚕种制造场的需要；另一方面，由于土种饲养均以春蚕为主，极少饲养秋蚕，因此，为增加饲养次数，以期增加产量，四川丝业股份有限公司在北碚、南充两地设立冷藏库，利用人工孵化，遂有秋蚕之饲育，"开川省秋种制造之新纪元"。

第二，推广改良蚕种。四川蚕丝改良场成立之后，开始着手规划川省蚕业推广事宜。1937年时，改良场仅在川北重要蚕区设立指导所10所，从事配发蚕种及指导事宜。实验结果甚佳，指导区遂逐渐推展。

---

① 罗承烈：《四川的蚕丝业》，载《四川经济季刊》1944年第1卷第3期。
② 李守尧：《四川之蚕丝业概述》，载《四川经济季刊》1945年第2卷第3期。
③ 杨碧楼：《十年来之四川蚕丝业》，载《四川经济季刊》1947年第4卷第1期。

1938年秋，为应推广事业发展之需求，蚕业的推广事业从蚕丝改良场分出，单独成立四川蚕丝推广委员会，专门负责川省蚕业推广事业。该会成立时，划定江北、巴县、合川、铜梁、璧山、南充、西充、三台、盐亭、射洪、阆中、苍溪、仪陇、南部等14县为推广区域，设置江北、合川、南充、西充、盐亭、三台、阆中等7个蚕业推广区，并附设指导所62处。之后，复又增设，到1939年秋时指导所达92处，1940年春时指导所达97处。1942年四川省政府经济困难，紧缩蚕业推广事业，1943年时，更感无以为继，将蚕丝推广事业交由四川丝业股份有限公司兼办。[1]1943年12月23日，四联总处代电中央银行，要求其转电南充支行[2]与四川丝业股份有限公司接洽，让其接办川北川东蚕种推广任务，具体办法为：①川东、南充、阆中、三台推广区改良蚕种推广指导任务，1943年受政府之委托，由本公司接收办理之。②1943年川北、川东四川丝业股份有限公司经营区域内推广经费由四川丝业股份有限公司负责，计入改良白丝成本之内，如政府给予补助费时，按照实领金额应摊减；内外销之改良白丝成本，此项补助费由四川丝业股份有限公司出据承领，并入公司一般经费内开支，结账不另向政府报销，以省手续。③推广区现存人员愿在公司服务者，得就实际需要个别商聘或选用，其待遇、调遣与一般职员同，其名义为技术员、助理技术员，系指导外，担任一般厂处庄工作。④推广区现有房屋、财产、器具，其原由公司借用者，悉数收回，其由政府自行购置设备者，由政府处理。⑤推广区所有一切内该外欠或未完事件，概由各推广区自行清了，公司不负责任。⑥推广指导任务1943年度即本为公司业务项目之一，公司遵奉政府主管机关之监督、指示、命令，由主管机关，对总公司直接行之。⑦公司于总公司技术室内添设蚕种推广股，各区办事处内设蚕种推广股，办理推广指导技术事项。⑧私人种场所制合格蚕种，或由四川丝业股份有限公司

---

[1] 杨碧楼：《十年来之四川蚕丝业》，载《四川经济季刊》1947年第4卷第1期。
[2]《关于南充丝绸业因产品滞销申请借款案委座电示各节复请查照由》，第110页，重庆市档案馆馆藏档案，中中交农四行联合办事处全宗，档案号：0285-00001-0699。

商洽议价接收,或自行售卖,均无不可。由公司议价接收者,其冷藏浸酸配发皆由丝业公司负担;其自行售卖者而请求寄库者,应先收冷藏浸酸配发等各项费用;其售卖区域数量、价格与四川丝业股份有限公司之蚕种应一律遵守政府之规定办理,不得自由行动。⑨各区尚存桑苗圃,不在委托接收办理之内。①

第三,改进缫丝技术。1944年8月,应高品质外销生丝生产要求,四川丝业股份有限公司特开办立式缫丝车120部,初步试验较为满意。②到1945年各方面均有一定收获:①原种场自制原种已收较大成效;②副产品加工之各种成品销售畅旺,为公司增进收入不少,同时,公司又添办400锭机纺设备,利用低级丝筋弹棉纺纱,也已出货;③原料整理结果,缫折减少,制丝每关担比历年约省鲜茧30余斤;④立缫部分品质提高,可以接受任何等级生丝之外销订货。③

就四川省缫丝厂规模而言,战时以四川丝业股份有限公司为最大,其他稍具规模者有筠连腾川丝厂、乐山、新华、新凤祥、聚源、裕利、南充建川实业公司等家,其余多系土法人工缫制,亦有农民自养自缫者,其车数及产量无法估计,但因设备不全,产品均为内销丝,不合外销之用。

四川丝业股份有限公司自1937年大华生丝公司改组成立后,经过不断的发展,在南充、三台、阆中、成都、上海等地均设有办事处,有缫丝厂5家,缫丝车2461部,副产品工场1家,制种场6家,冷藏库2家,成为战时川省蚕丝业中的托拉斯企业。战时改良茧种制造、收购及外销丝缫制等业务,绝大部分由四川丝业股份有限公司所掌握。其缫制的外销丝再由富华公司(后并复兴公司)及复兴公司转销国外。由此可见,四川丝业股份有限公司在战时川省蚕丝业救济、发展及政府易货借款过程

---

① 《四川丝业公司接办川北川东蚕种推广任务办法》,第132—133页,重庆市档案馆馆藏档案,美丰商业银行全宗,档案号:0296-0014-0341。
② 《四川丝业股份有限公司第十三次常务董事会议记录》,第67页,重庆市档案馆馆藏档案,川康兴业特种股份有限公司全宗,档案号:0356-1-0090。
③ 《四川丝业股份有限公司1945年度业务报告》,第72页,重庆市档案馆馆藏档案,川康兴业特种股份有限公司全宗,档案号:0356-1-0089。

中起到了不可替代的重要作用。

  总之，从培育原种到制种改良蚕种，再从推广改良蚕种到改良蚕丝技术，战时，尹良莹与范崇实鼎力合作，在他们的引导下，一大批人为改进发展川省蚕丝业做出了不少努力。虽不乏有批评之声[①]，但这些努力仍是值得肯定的，它在一定程度上推动了后方蚕丝业的改良及发展。

[①] 高振著文从蚕丝政策不合时宜、制种量少而成本太高、原料耗损量大制丝成本太高、茧价无法提高易致农民反对、走私问题未可忽视、未能以技术为中心等方面批评政府蚕丝业统制及蚕丝业公司垄断川省蚕丝业经营的状况，要求通过开放制种、蚕种自由买卖、收茧制丝自由经营、改进管理机构倚重技术人才等手段改进四川蚕丝业。参见高振：《改进四川省蚕丝业管见》，载《现代读物》1939年第4卷第9—10期。

第七章
战后的中国西部工业

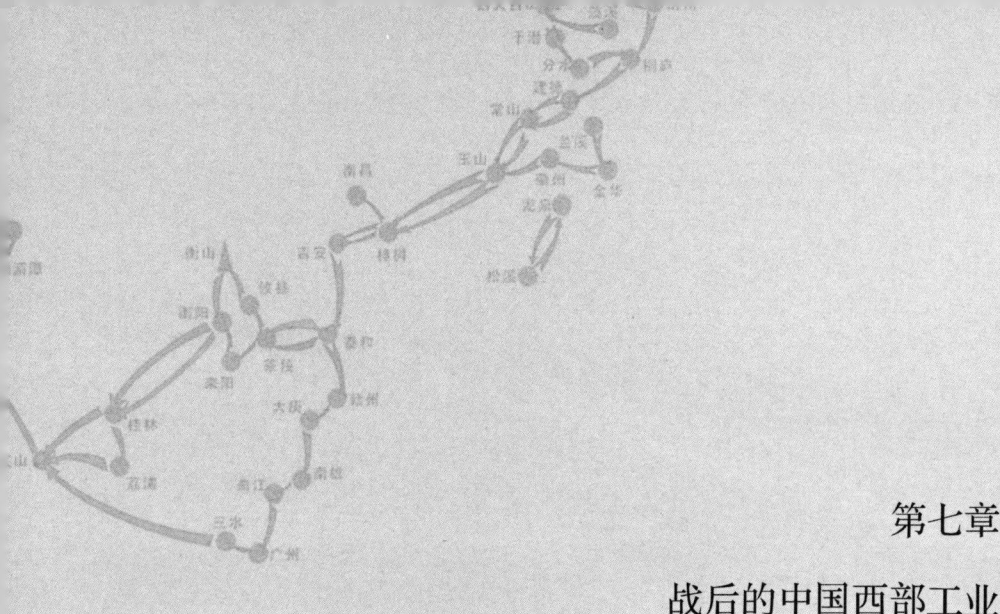

抗战胜利后，伴随着国民政府"还都"和内迁工厂"复员"，西部工业资本又大量东移，大批科研、技术人才回流沿海地区，形成与抗战时期中国工业经济调整方向相反的逆向流动。近年来的一些研究，对厂矿企业的内迁结局均持较为悲观的态度，这一观点并不难理解。国民政府在接收沦陷区日伪企业及接受美国过剩的军用物资后急于淘汰落后产能的工业，所以未能营造一个大家期待已久的欣欣向荣的战后中国工业快速发展局面，西部的工矿企业在战后面临着新的严重困境。

战后内迁工厂的困境

胡西园在《抗战胜利时内迁工厂陷入困境》一文中回忆道："抗日战争后期，国民党政权的经济情况愈来愈糟，通货不断膨胀，物价急剧上涨。当时所谓行都重庆，工商业呈现了衰落气象，大部分内迁工厂在四大家族的掠夺之下，奄奄一息，大有朝不保夕之势。1945年8月日本投降以后，全国人民欢欣鼓舞，而内迁工厂的职工和老板们，这时却苦难更加深重了。当时的各行各业，不但停止进货，商人还慌忙把货物削价抛售。取消定货的纠纷，在一些工厂中更是经常发生。除少数经济稳固、资力雄厚的企业外，内迁工厂大部分已陷入瘫痪状态。职工生活、老板前途，都处于动荡之中。而主管工业的国民党官僚们，却争先恐后地纷纷东下，热衷于'劫收'工作。可怜留在重庆、寸步难移的内迁工厂，原来为了生产救国，协助抗战，千辛万苦地迁到后方，而今成为无人一顾的伶仃孤儿。这批工厂，停工要坐吃山空，开工既没有原料，产品又没有销路；有的打算索性搬回老家再说，但是从什么地方弄盘费呢？弄得大家真是走投无路，一筹莫展。"[①]

渝鑫钢铁厂等为工业已陷绝境呼吁（1945年10月31日）：

> 呈为工业已陷绝境，进退均感失凭，谨作最后呼吁，恳请迅定有效办法，紧急救济，以解倒悬事。窃商厂等自抗战以还，或则不避险阻，辗转内迁，或则毕〔筚〕路蓝缕，艰

---

① 中国人民政治协商会议全国委员会文史资料研究委员会编：《工商经济史料丛刊》第2辑，文史资料出版社1983年版，第97页。

难缔造。八年余来，惨淡经营，要为拥护抗战建国之最高国策，以增加后方生产，充实抗战资源为其共同之目标，一贯之职志，初未敢稍存投机牟利之心。最近数年工业之困难，虽与日俱增，但各厂之初衷则始终匪渝，抑且极力张罗，冒险举债，以扩充设备，是以各厂表面似均渐具规模，实则外强中干，债台高筑，事实俱在，账目可查，绝非一般所称之既得利益者。现抗战已告胜利，建国正在进行，而后方生产事业反呈青黄不接之势，各厂生产告停，资金已竭。益以近来工潮迭起，各厂工人竟于物价回跌生产萧条之时，任意要求增加工资，且辄实行暴力威胁，把守厂门，捣毁办公室，殴打职员，侮辱主管人等，越轨行动屡见迭出，弭患无方，致令一切业务，均感无法进行。在此内外交困之情形中，既不能维持现状，复不许停业或紧缩，至万不得已而必须遣散员工时，又无力担负巨额之遣散费用。且目前即使幸有定货可以继续工作，无如工潮蔓延滋长，而其调处结果不仅不能使劳资协调，抑且徒加厂方管理困难，妨碍劳资合作，各厂负责人等多系技术人员，平素立场与工人原无二致，深知惟有劳资密切合作，始能奠定民族工业之基础，从无稍存歧视工人之心理，已往厂方与工人之良好关系可为明证。乃以近来调解工潮办法不善，使本属良好之关系反生隔阂，致一般工作效率倍减，生产无法恢复正常。虽暂时苟延残喘，结果亦惟有益增亏累，处此绝境，实有求生不能，求死不得之苦。故目前情形已不敢作积极之企图，仅能为消极之呼吁。盖以商厂等内迁重建，要为略尽国民天职，争取抗战胜利。今胜利既临，目的已达，如能带还原有器材从事复员，俾能继续，为建国大业而尽其余力，固所企愿，即以现有一切资产全部捐献国家，只求准代清偿债务，使能只身还乡，亦无怨言。其奈目前情形，虽欲只身还乡而不可得，进退失凭，难安缄默,用谨披沥渎陈,作此最后呼吁,敬恳迅定有效办法,改善劳资关系,使厂方能照常管理工人,恢复工作效率,并充分给予定货,以资维持开支,或即准予停业,并拨发遣散费用,俾便结束。否则,各负责人等惟有被迫匿避,听其陷入混乱状态,后果如何?非所敢知。势危事迫,急不择言。是否有当?敬乞迅赐核示祇遵,不胜迫切,待命之至。谨呈

  国民政府

    具呈人:渝鑫钢铁厂股份有限公司

       新中工程公司重庆制造厂

       顺昌公司重庆铁工厂

       恒顺机器厂股份有限公司

       大川实业股份有限公司总经理尹致中

       合作五金制造股份有限公司

       大中机器股份有限公司

       新民机器厂

       上海机器厂股份有限公司

       华生电器厂股份有限公司

       陆大工厂经理陆之顺

       张瑞生铁工厂[①]

  这种新困境的出现是不可避免的,这既有战时后方工业自身的问题,又有战后西部工业所面临的新问题。其一,战时后方工矿业自身的脆弱性。抗战时期兴起于大后方的工矿业,毋庸讳言,自身确实存在诸多内在的问题。史料称:"抗日战起,国府迁川,人力财力,咸来集中,一时工厂林立,气象繁荣。惟以战争期中,军事第一,政府力量,难于兼顾,而所谓事业家者,眼光短浅,发财第一,投机取巧,漫无计

---

① 参见《抗战大后方宁波帮资料:以陪都重庆为中心》一书,第36—38页。

划。大部工厂，设备简陋，出品粗劣；管理无方，成本高昂；不良习气，应有尽有。其基础之脆弱，实难经任何风波之打击。抗战结束，物价金融，遽起波动，投资之辈，咸存避难就易之心理，目标转向东南与东北，不数月间，工厂倒闭过半；现存工厂，虽犹困苦挣扎，而其命运可免于倒闭者无几。"[1]抗战后期，后方工业界中坚的内迁工业家已经纷纷制订庞大的回迁和重建计划。抗战结束后，考虑添购新机器、开辟国外市场，而"对于西南弃如敝屣、不值一顾"[2]者也大有人在。甚至原本根基在内地的工矿业者，也欲到沿海甚至海外一试身手。在这种情况下，原来后方工矿业的命运多舛也就不是什么令人难以理解的事情了。其二，战后，西部工矿业复员缺乏和平、团结、民主等必要的政治前提，而国民政府当局贯彻了两个错误的指导方针，一个是根据经济原则淘汰落后工业生产力的政策，另一个是根据民生主义发展国家资本限制私人资本的国营政策。[3]

但是，值得我们重视的是，战时后方的工业发展并非昙花一现，它的作用及影响是持久存在的，在一定程度上可以认为其战时的辉煌发展已经再也不可能重演，但后方工业的前景却依然充满希望。

---

[1] 彭光钦：《论四川工业建设》，载《西南实业通讯》1946年第14卷第1、2期合刊。
[2] 《卷头语》，载《西南实业通讯》1947年第16卷第1、2、3期合刊。
[3] 李紫翔：《经济复员政策的检讨》，载《新中华》1948年复刊第6卷第13期。

中国西部工业化的起步

战时，厂矿企业内迁开启了中国西部的工业化进程，尽管道路崎岖、艰难，但意义重大。全面抗日战争时期，大后方企业家克服战时诸多自然的、社会的困难，迅速兴起、发展和壮大，生产了大量军需民用急需的产品，并与各国经济界开展了一系列经济文化交流活动，加强了中国与世界各国的联系。大后方企业界和工矿企业为中华民族反抗日本侵略的长期抗战做出了重要的历史贡献。

战后，资源委员会厂矿企业在西南、西北生根。在西南川滇黔各省留下的各项事业中，仅四川一地便有10项电力工业维持生产；天府矿业公司与嘉阳、全济两煤矿合并，改为天府煤矿公司，日产煤维持在1000—2000吨之间；中央电工器材厂有限公司重庆制造厂及重庆区营业处、中央无线电器材有限公司重庆营业处、中央电瓷公司宜宾与重庆办事处等几家单位仍在工作；中央化工厂筹备处重庆工厂、资川酒精厂、天原电化厂有限公司等持续生产。

抗战胜利后经济复员的过程中，在民营与合办事业中，尽管内迁的工商实业家大多数迁回原来事业的所在地，但民营厂矿各种机器设备迁回原址的则十分鲜见。1946年7月19日中国西南实业协会上海分会复会，钱新之任理事长，总干事为蔡承新，常务理事有周作民、徐寄庼、张肖梅、杨季谦、潘昌猷、刘航琛、卢作孚、缪云台，常务监事为王振宇、古耕虞、葛敬中等。①在复会大会上，金融家康心如作为卢作孚的代表发言说："我们国家抗战八年，在云南、四川、广西一带，建立了不少的事业，这些事业都是西南实业协会予以帮忙的。胜利以后，所有的人都走了，事业也停办了。西南种种情形看起来似乎是有些可悲。"②钱新之发言说："我们现在已经都回来了，但是我们可忘不了那边的事情。那边还需要本会去推动联络。"③工业家、实业家们纷纷复员，确实使大后方尤其是西南工业，顿现凋零衰败的残破景象。但在抗战期间，大后方工商界与长江中下游地区乃至于全国工商界之间建立起来的各种经济关系和私人友谊，不可能随着抗战的结束中断，相反这种联系和关系依然维系着。而这其间兴办起来的工矿企业，无论在战后受到怎样的冲击，都不可能也无法再次回到历史的原点，回到战前那种基本没有现代工业的状况。1945年8月15日，刘鸿生自重庆致函其妻子叶素贞："余在此所创事业，如中国毛纺织公司、中国火柴原料公司、华业火柴公司等，业务均称发达，规模年有扩充，产品供不应求，颇得社会好评，并深蒙当局之嘉许。"④抗战胜利之后，经营环境尽管与前大为不同，但刘鸿生在原大后方地区的企业，依然能够维持并获得发展。

沿海厂矿企业艰难西迁以及在后方的重建与发展，体现了中华民族为争取独立、自由而顽强抗争的决心和意志；内迁厂矿企业成为抗战时期大后方现代工业的核心和骨干，为抗战经济、国防力量做出了突出贡献，推动了中国内地特别是西部地区工业化的发展进程。抗战时期的工业大西迁，谱写了中华民族抗战史上的光辉篇章，也成为永远矗立在中华民族伟大复兴征程中的不朽丰碑。

---

① 《联合征信所调查报告书：中国西南实业协会上海分会》（1947年6月3日），上海档案馆馆藏档案。
② 《康心如先生在中国西南实业协会上海分会复会大会上的发言》（1946年7月19日），上海档案馆馆藏档案。
③ 《钱新之先生在中国西南实业协会上海分会复会大会上的讲演》（1946年7月19日），上海档案馆馆藏档案。
④ 上海社会科学院经济研究所编：《刘鸿生企业史料（1937—1949年）》（下册），上海人民出版社1981年版，第240页。

后　记

　　从2008年跟随朱英教授攻读博士学位以来，我一直自诩是从事手工业研究的，近些年来所发表、出版的论著，无论是制糖业、桐油业的，还是蚕丝业、井盐业的，均属于手工业范畴，虽然其间也有关注机器工业的论著，但也仅是出于研究需要，从未设想能够撰写机器工业类论著。《工业重塑》一书实属于"种豆得瓜"、因缘巧合之作。"抗战大迁徙实录丛书"主编潘洵教授最初的设想是该书由中国抗战大后方研究中心张守广教授独自执笔撰写，后因张守广教授文债如山，潘洵教授便力荐我参与编写，我也在多次退却之后，才决定迎难而上参与编写。

　　从2011年9月到西南大学算起，我认识张守广教授已近六年。张守广教授为我同乡师长，他老家在新野县，我则来自唐河县，两县相邻，同属南阳市。他为人正直、敦厚，为学严谨、精妙，是中国抗战大后方工业史研究的首席专家。同时，他也是一个随和、豁达的人，很容易相处。我很敬佩他的学品、人品，因此，我很荣幸能和他一起回顾、叙述这段波澜壮阔的民族大西迁历史。本书大框架由张守广教授拟定，并从整体上对本书予以宏观把控，且在资料上予以大力协助，这就打消和减轻了那些我几乎无法承受的疑虑和压力。我们的合作非常愉快、成功。

　　陕西师范大学出版总社策划出版"抗战大迁徙实录丛书"是一件极其了不起的事情。一个高校出版社，愿意花费很大气力致力于学术成果的转化，希望通过这类丛书让社会大众更多地了解中国抗战那段不屈的历史，很值得称道。编辑部领导以及王西莹编辑、胡杨编辑多次往返西安、重庆之间，协调、沟通丛书编纂事宜。另外，胡杨编辑曾多次通电话商请我参与编写此书，真诚而有耐心。

　　国内学界关于战时工业西迁的论著颇多，风格迥异，有以学术见长的，也有以故事为主的，本书则以后方典型企业家及其为之奋斗终生的事业为例，希望通过他们的经历部分地还原那段刻骨铭心的历史。本书在写作中得到了西南大学中央高校基本科研业务费专项创新团队项目"抗战大后方经济发展与社会变迁研究"（SWU1709122）的资金资助，也是该项目的阶段性成果。并得到国家社科基金抗日战争研究专项工程项目"中国抗战大后方历史文献资料整理与研究"（19KZD005）的支持。书稿期许学术与故事并重，希望能够以叙事见长，不过，受时间、能力、阅历等因素限制，诸事未能遂愿。比如，战时在后方的企业家群体，每一个人的背后都有一段颇值得讲述的故事，但很遗憾书稿未能尽述这些故事。再如，水平有限，对这些故事的所述远不及故事本身那么精彩。故而，惴惴不安之心常有，敬请方家指正。

赵国壮谨识
2017年6月25日于牛津大学中国中心
修改于2020年5月